독서 천재가 된
홍 팀장

독서 천재가 된 홍 팀장

실행력을 높이는 기적의 독서 솔루션

강규형 지음

다산
라이프

내 안에 숨어 있는 가능성을 깨우는
독서의 기적

서울 끝자락과 경기도의 경계에 자리한 시흥동은 매년 여름 장마
철이면 엉성한 판잣집들이 수해로 떠내려가서 '수재민촌'이란 별
칭으로 불렸다. 학교에서 집 주소를 써야 할 때 산89번지의 산山자
가 너무 싫었다. 초등학교 때 육성회비가 450원이었는데 어느 날
600원으로 올랐다. 제때에 낸 적이 한 번도 없어서 매번 선생님께
사유서나 납부약속 편지를 제출해야 했다. 혼이 날 때마다 죄인 같
은 마음이 들었다.

　지게로 물을 져 나르는 것은 물론 쌀과 보리쌀이 떨어지면 하루
한두 끼는 수제비나 국수로 때웠다. 다섯 식구가 사는 단칸방에서
밤이면 몸을 옆으로 세워야 하는 칼잠이 싫어 엄동설한에도 다락방
에서 동생과 껴안고 잠을 청하곤 했다. 그래도 집에 있던 몇 권의 책
들이 큰 위안이 되었다. 『소공녀』와 『15소년 표류기』를 수백 번쯤

4

읽으며 휴머니스트가 되었고 모험을 꿈꾸는 호기심쟁이가 되었다.

본격적인 독서를 시작한 것은 중학생 때였다. 교장선생님이셨던 큰 아버지 댁에 방문할 때마다 책꽂이에 가지런히 꽂혀 있던 책들을 부러워하곤 했는데 어느 날 한국단편문학전집을 읽게 되었다. 'ㄱ'의 김동인『감자』부터 시작해 'ㅎ'의 황순원『소나기』까지 골방에서 숨어 읽었다. 독서는 그야말로 충격 그 자체였다. 책을 읽을 때마다 내면이 한 뼘쯤 자라는 듯 했다. 어설픈 문학소년 흉내를 내며 헌책방 시집을 뒤지고 습작을 끄적였다.

대학 신입생 때 광주항쟁에 대한 외신 보도사진을 보며 그 동안의 가치관이 완전히 무너지는 경험을 했다. 『해방전후사의 인식』『체 게바라 평전』『인간의 벽』『난장이가 쏘아올린 작은 공』『민중과 지식인』 등을 읽기 시작했다. 일관된 핵심 키워드는 '민중해방'과 '자기 깨짐'이었지만 에리히 프롬의 『소유냐 존재냐』법정스님의 『무소유』는 '자기 깨짐'을 넘어 평생 동안 가치관에 영향을 미친 책이었다. 소유지향To Having이 아닌 존재지향To Being의 소중함과 개인을 너머 공동체를 지향하는 마음을 배웠기 때문이다.

대학을 졸업하고 직장인이 되었다. 지방대 출신에 학점이 좋은 것도 아니었고 별다른 특기도 없었던 나는 공채 5기 352명 중 거의 꼴찌로 입사했다. 당시 입사했던 회사는 독서문화가 강한 곳이었다. 그때가 인생의 가장 큰 전환점이 되었다. 새벽 6시나 7시에 출근해

밤 11시, 12시까지 자발적으로 미쳐 일하며 공부했다. 연간 100여 권의 독서와 끊임없는 세미나를 통해 자기관리를 하며 내공을 쌓았다. 특히 피터 드러커의 『성과를 향한 도전』을 읽고 난 후엔 그야말로 제대로 업무 성과를 내기 시작했고 평생의 스승을 만났다. 입사 9년 차 되던 35세 때 그룹 계열사 CEO에 발탁되었다.

월급 120만 원에서 연봉 4억 원의 톱세일즈맨이 된 독서의 힘

회사를 그만둔 후 보험 세일즈맨이 되겠다고 결심했다. 아내를 제외한 모두가 미쳤다고 했다. 그러나 구본형 선생의 『그대, 스스로를 고용하라』『익숙한 것과의 결별』이 나를 구했다. 첫 달 급여는 120만 원이었다. 성과는 차츰 나아져서 이후 평균 3~4억 원의 연봉을 받기 시작했다. 입사자 실적 1위, 지점 챔피언까지 달성했다.

보험 세일즈의 현장은 1등부터 1,500등까지 실적이 매주 발표되는 치열한 곳이다. 모든 세일즈맨이 동일한 상품으로 동일한 교육을 받지만 연봉이 20배 이상 차이 나는 이유가 무엇일까? 내가 찾은 답은 자기관리의 차이였다. 내가 빠른 시간에 성공할 수 있었던 이유는 자기경영과 독서를 통한 셀프 모티베이션이었다.

그러다 어느 순간 슬럼프가 찾아왔다. 이때도 독서는 한 줄기 빛

6

이 되어주었다. 프랭크 베트거의『실패에서 성공으로』를 비롯한 수많은 책들과 저자의 도움을 받았다. 일에만 미쳤다가 가족과 심각한 갈등을 겪기도 했다. 이때 나를 살린 책은 토드 홉킨스의『청소부 밥』이었다. 지쳤을 때는 재충전이 필요하고, 가족은 짐이 아니라 축복이라는 등 6가지 지침은 등짝을 후려치는 죽비였다.

  슬럼프를 극복했구나 싶었을 때 더 큰 시련이 찾아왔다. 세 번이나 폐 수술을 했는데 다시 재발된 것이다. 더 이상 일을 지속하기가 어려웠다. 수억 원이 쌓인 실적을 후배들에게 무상으로 나눠주고 보험 세일즈 현장을 떠났다.

  몇 달 쉬다가 이젠 나만의 사업을 할 때가 되었다고 판단해서 호기롭게 시작했다. 그러나 세상은 그렇게 만만치가 않았다. 생활비는 고사하고 임대료와 직원 급여 주기도 힘든 상황에서 10억 원쯤 되는 돈을 잃고 채권회수 협박과 소송에 시달렸다.

  앞만 보고 열심히 달려왔는데 결과는 비참했다. 죽을 결심을 하고 술을 마셨다. 비닐봉지에 둘둘 싼 소주병을 들고 한강에 뛰어들 생각으로 배회하던 심정을 그 누가 알까? 지독하게 외롭고, 지독하게 두려웠다.

  삶과 죽음의 외줄을 타고 있던 그때 존경하던 멘토 한 분이 나를 불렀다. 위로와 격려를 하면서 건네준 책 한 권이 빌 비숍의『관계우선의 법칙』이었다. 그 책을 읽자 눈에서 비늘이 떨어져나간 기분이 들었다. 다시 살아보고 싶었다. 인생이라는 후반전 학교에 등록금 10억 원을 냈다고 생각하며 다시 마음을 단단히 먹었다. 이후 비록 5~6년이라는 시간이 걸렸지만 어둠의 터널을 완벽하게 빠져나올 수 있었다.

보증금 2500만 원이 없어 대출받아 시작했지만 그동안 사옥도 장만했고 지금은 연간 200회, 3만~5만 명을 상대로 강의와 세미나를 진행하는 규모가 됐다. 코치와 강사도 1000여 명 배출했다. 우리 회사가 운영하는 독서포럼 나비도 어느덧 전국에서 350여 개가 운영 중이다. 앞으로 대한민국에 10만 개, 아시아와 전 세계에 100만 개 독서토론 모임을 만들고 싶다. 나는 전 세계 10억 명에게 꿈과 비전을 심어주어 생명을 살리고 300개의 회사와 사회적 기업 협동조합, 학교 사회복지가 결합된 공동체를 꿈꾸고 있다.

오늘의 책 한 권이 인생의 방향을 바꾼다

책은 씨앗seed이다. '생각의 씨앗'일 뿐 아니라 책 속에 '글씨'가 들어 있고 읽는 사람의 '말씨'에 영향을 미친다. 옥수수 한 자루에 약 500알 정도의 씨앗이 빼곡하게 박혀 있다. 옥수수 한 자루에서 단 하나의 씨앗만 골라 심어도 두 자루 이상의 옥수수가 열린다. 무려 1000알의 씨앗이 생기는 것이다. 1000배의 성과라고 볼 수 있다.

사과나 배, 혹은 감 등의 과일은 또 어떤가. 누군가는 단순히 과실 속의 씨앗을 볼 뿐이지만 누군가는 씨앗 너머의 과수원을 본다. 이 정도면 씨드 이펙트Seed Effect라는 말을 써도 되지 않을까.

독서도 마찬가지다. 독서를 단순히 책 속의 글자를 읽는 행위로 이해하는 사람은 없을 것이다. 책을 통해 나를 읽고 저자를 읽고 미래를 읽기 때문이다. 독서를 통해 자신을 일깨우고 성장시켜 본 사람은 알 것이다. 책 한 권이 사람에게 미치는 영향이 얼마나 큰지 말이다.

자전거를 타는 것과 비행기를 조종하는 일이 다르듯, 대리로 일하는 것과 팀장으로 일하는 것에는 엄청난 차이가 있다. 보통 입사 2~3년 차가 되면 대리가 된다. 시키는 것만 잘해도 주변의 기대를 받는다. 그러나 팀장이 되면 포지션이 완전히 달라진다. 축구선수에 비유하면 미드필더에 해당된다. 공격과 수비수를 연결하고 팀원을 이끌어야 한다. 개인의 능력도 뛰어나야 하지만 전체를 보는 안목도 있어야 한다.

그러나 무엇보다 팀장은 성과에 책임을 져야 한다. 성과가 높으면 임원이나 계열사 CEO로 발탁되기도 하지만 성과가 미비할 경우 퇴사라는 쓴 잔을 마시기도 한다. 대리에서 팀장이 될 무렵 사람들은 비슷한 고민을 한다.

'이놈의 회사를 계속 다녀야 할까, 때려치워야 할까?'

그런데 사장은 더 큰 고민을 한다.

'내가 저 친구를 데리고 있어야 하나, 내보내야 하나?'

수많은 기업과 단체에 강의와 컨설팅을 하러 가보면 '5년 차 신입사원' '10년 차 신입사원'이 득시글거린다. 왜 이런 일이 생길까? 공부는 하지 않고 '일만' 했기 때문이다. 일과 공부는 함께 움직이는 세트라는 것을 모르고 학교를 졸업한 이후 '공부'를 하지 않는다. 공부는 학교를 다닐 때만 하는 것이 아니다. 그런데 풀타임을 뛰어야 하는 인생에서 전반전만 학교를 다니고 후반전은 학교 다닐 생각조차 안 하는 직장인이 의외로 많다. 인생 후반전 공부를 위해 등록금과 시간을 얼마나 냈는지 따져봐야 하는데도 말이다.

성공을 꿈꾸는 사람들이 비서秘書처럼 읽는 책들이 있다. 몇 권을 꼽자면 『파킨슨의 법칙』과 『피터의 원리』다. 이 중 『피터의 원리』는 무능한 사람들이 세상을 지배하는 3가지 이유를 밝힌 책이다. 첫째는 위계조직 안의 모든 사람은 무능력 수준에 도달할 때까지 승진하려고 한다. 둘째는 시간이 지남에 따라 모든 부서는 무능한 사원들로 채워진다. 셋째는 아직 무능력의 수준에 도달하지 않은 사람들이 작업을 완수한다.

관공서, 학교, 정치권, 우리 회사 등 왜 우리 주위에는 무능한 사람들이 그렇게 많을까? 한때 유능했던 그 사람은 왜 지금 그럭저럭 사는 것으로도 부족해 무능한 인사가 되었을까? 결국 잘나가던 홍 대리가 왜 무능한 홍 팀장이 되었을까, 하는 문제다.

자전거는 달리지 않고 서는 순간 넘어진다. 무능함이 드러나기 전에 유능함을 유지하려면 작더라도 반드시 업무 실력의 차이를 만들어내고 그 차이를 유지해야 한다. 그렇다면 어떻게 유능함을 만들 수 있을까? 답은 '성과를 지배하는 전략'에 있다.

성과를 지배하는 전략은 바인더Binder와 책Book으로 이뤄진 B&B 전략이다. 양질의 독서를 꾸준히 하면서 기록관리, 시간관리, 목표관리, 업무관리 등을 바인더로 만드는 작업을 함께한다면 성과를 지배하는 유능함의 차이를 크게 만들 수 있을 뿐 아니라 평생 떨어지지 않는 동기부여의 연료도 함께 쌓게 될 것이다. B&B 전략이 습관이 되면 '성과 – 성장 – 성공 – 성숙'의 선순환 사이클이 이어지는 것을 체험할 것이다. 결국 책은 자기 주도 평생 성장의 도구요, 자기관리는 그 태도라고 말할 수 있다.

오늘 당장 손에 책을 들어라. 한 점 한 점 쌓인 지식이 연속적인 선이 되고 입체가 되는 순간, 콘셉트와 패턴이 보이고 차원이 다른 길이 보이고 미래가 열릴 것이다. 오늘부터 독서를 시작한 당신은 인생의 수레바퀴를 예전과 다른 방식으로 굴리기 시작한 것과 다름없다.

평범함에서 비범함으로! 좋은 것에서 위대함으로! 인생의 변화가 시작된 것을 진심으로 축하한다.

강규형

1부

내 안의 성공 씨앗을 터트리는 자기경영 독서

내 인생,
이대로 괜찮을까?

회사에 입사해서 죽어라 일한 지 8년 째. 차장을 달고 난 후 개발부 팀장이 되었다. 부장은 되어야 팀장을 맡는 게 상례였지만 사내에서도 승진이 빨랐던 이 남자에게 팀장은 야심찬 시작을 알리는 새로운 기회의 자리였다.

"홍정민."

남자는 자신의 이름을 불러보았다. 낯설었다. 마포대교 아래 흘러가는 강물을 바라보자니 살아온 인생이 주마등처럼 흘러갔다. 초중고를 거쳐 재수도 하지 않고 바로 서울에 있는 대학에 입학했다. 중위권 대학이었지만 대학생활은 만족스러웠다. 동아리 활동도 열심히 했다. 원만한 성격 덕분에 친구도 많았다. 군대를 다녀와선 취직 공부에 몰두했다. 취직 활동을 하면서 사회의 냉정함과 자신의 위치를 깨달았다. 입사원서를 열 몇 번쯤 낸 후에야 겨우 합격 소식을 받았다.

어렵게 들어온 회사인 만큼 뼈를 묻을 각오를 하며 열심히 일했다. 하지만 1년이 채 되지 않아 회사를 그만둬야 했다. 구조조정에 휩쓸리며 자신과 함께 30명 가까운 사람들이 일자리를 잃었다. 반년 가까이 아르바이트를 하면서 대학 때보다 더 열심히 취업준비를 했다. 새벽에 일어나 토익학원을 다니고 낮에는 일을 하고 저녁엔 고시원에서 상식과 전공분야를 공부했다.

입사통보를 받고 얼마나 기뻤는지 모른다. 동기 중에 자신보다 뛰어난 사람들이 많았지만 상관없었다. 열심히 하면 회사에서 충분히 성과를 낼 수 있다고 생각했다. 그렇게 열심히 열정을 바친 회사에서 드디어 팀장이 되었다. 팀장으로 승진하던 날, 세상이 다 발아래 있는 것 같았다.

사장이 된 것보다 더 기뻤다. 이제야 비로소 자리를 찾은 것처럼 뿌듯했다. 프로젝트를 맡을 때마다 의욕적으로 일을 하며 야근을 일상으로 했다. 그게 불과 1년 전이었다. 그러나 지금은 멍하니 한강 물이 흘러가는 것이나 보고 있는 신세가 된 것이다.

"어디서부터 잘못된 것일까……."

팀장 1년 차에 완전히 녹다운이 되고 말았다. 팀장이 되면서 승진을 했다는 기쁨도 잠시, 연이어 밀려드는 일 때문에 정신을 차릴 수가 없었다. 팀을 책임져야 한다는 책임감과 실적에 대한 압박감이 하루하루 커졌다. 게다가 최근엔 팀 분위기까지 엉망이었다. 심혈을 기울여 준비해서 자신이 밀어붙인 프로젝트였건만 시장에서의 반응은 최악이었다. 프로젝트에 반대했던 부하직원들은 은근히 뒷담화를 하고 다니는 듯했다.

이러다간 빠른 승진이 오히려 발목을 잡는 덫이 될 위험도 있었다. 요 몇 년 새 회사에서 새로 시작한 사업이 줄줄이 망하면서 인수합병 소문까지 돌기 시작했다. 이대로라면 간부가 된들 언제 명예퇴직을 할지 몰랐다.

술이나 한잔하면서 친구 놈들에게 신세한탄이라도 하고 싶었다. 그러나 휴대폰에 저장된 몇백 명의 사람들 중에 선뜻 전화를 걸 만한 이름은 생각나지 않았다. 친구들도 자신과 비슷한 처지일 터였다. 회사일 좀 힘들다고 징징댈 연차는 아니지 않던가.

휴대폰 배경 화면엔 아이들이 밝게 웃고 있었다. 다시 한숨이 나왔다. 프로젝트를 한 번 맡을 때마다 야근은 기본이고 합숙까지 하는 날이 많아서 가끔 보는 아이들은 자신을 소 닭 보듯했다. 가뭄에 콩 나듯 일찍 퇴근하는 날엔 집에 들어가서 마음 편히 쉬고 싶은 생각이 굴뚝같지만 집에 가봐야 자신이 이방인처럼 느껴져서 일부러 술 약속을 만들기도 했다. 그런데 오늘은 술 한잔 같이할 사람조차 생각나지 않았다. 열심히 살아왔다고 자부했던 인생이 갑자기 텅 빈 깡통처럼 느껴졌다.

"어디서부터 잘못된 거지?"

잘못된 것은 많았다. 지금 상황이라면 하나부터 열까지 잘되고 있는 것이 없었다. 팀원들은 말을 듣지 않았고, 프로젝트는 지연되기 일쑤였으며, 얼마 전엔 상사한테 불려가서 대판 깨지기까지 했다. 아내는 아이들만 끼고 돌며 자신이 들어오든 말든 쳐다보지도 않았다. 아니, 생각해보면 크게 잘못된 일 없이 반복되는 일상인 듯도 했다. 그저 피곤했다. 너무 지친 것인지도 몰랐다. 자신이 왜 여기 서 있는지조차 알 수 없었다.

"정신 차리고 일 안 해? 지금 당장 전화해서 이 분 만나고 와!"

벙어리 냉가슴 앓듯 답답해하는 홍 팀장의 마음을 누구보다 잘 이해하는 정 이사는 오늘 아침 무심한 듯 명함 한 장을 던지고 갔다.

강일독. 처음 듣는 이름이었다. 도대체 다들 왜 나만 들들 볶는지 모르겠다고 머리를 쥐어뜯으며 다리 위에 서 있는 동안 시간이 얼마나 지났는지도 몰랐다. 고개를 들자 두 눈 가득 이미 어두워진 하늘이 보였다. 별 하나 없이 캄캄했다.

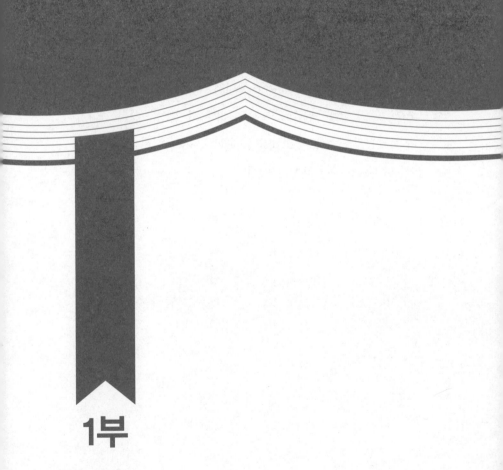

1부

내 안의 성공 씨앗을 터트리는
자기경영 독서

01

성과부터 내야 하는 나,
왜 책을 읽어야 하죠?

— 인생을 바꾸는 독서는 질문에서 시작된다

쉬어도 모자랄 황금 같은 토요일 오전. 홍 팀장은 낯선 카페에 앉아 강일독 대표를 기다리고 있었다. 당장 성과를 내고 업무 문제를 해결해야 하는 상황에서 독서 멘토링이라니, 너무 한가한 일이 아닌가 싶었다. '도대체 이사님은 왜 강 대표를 만나라고 한 걸까?' 혼자 묻고 혼자 대답하는 일을 반복해도 뾰족한 답이 떠오르진 않았다. 그때였다. 누군가 다가와 환한 얼굴로 '굿모닝' 하고 인사하더니 질문부터 시작했다.

강 대표 독서가 필요하다고 생각한 특별한 계기가 있으셨나요?
홍 팀장 특별한 계기가 있다면 있고 없다면 없어요. 팀장이 된 지

1년 차지만 아직도 좌충우돌하는 모습은 제 자신이 봐도 제가 딱할 정도거든요. 물론 업무 면에서 성과를 인정받아서 오른 자리지만 그럴수록 더 큰 결과를 만들어야 한다는 부담감이 강합니다. 1분 1초가 아까운데 독서라니 낯설기만 하네요. 당장 성과 내기 급한 상황이거든요.

강 대표 낯선 자리라서 마음이 불편하실 수도 있겠네요. 하지만 기왕 시간 내 나오셨으니 우리 같이 해결 방법을 찾아볼까요?

홍 팀장 사실…… 제가 지금 회사에서 여러 가지로 난관에 봉착했어요. 부하직원하고도 원만하지 않고 저는 저대로 스트레스를 받고 있습니다. 회사 일에 치여 가족들하고도 소원해진 상태고요. 하지만 무엇보다 저를 힘들게 하는 것은 팀장으로 역할을 잘해내고 싶은데 역부족이 아닌가, 좌절을 느낄 때에요. 저도 자신에게 묻고 싶어요. '내 인생 왜 이렇게 됐을까?'라고요.

아, 첫 만남에 너무 무겁게 이야기하고 싶지는 않은데 강 대표님을 뵈니 속마음을 이야기하게 되네요.

강 대표 '내 인생이 왜 이렇게 됐을까?' 좋아요. 좋은 질문입니다.

홍 팀장 네?

강 대표 질문은 우리를 생각하게 하고, 답을 찾아내게 하죠. '세상이 왜 이럴까' '나는 왜 이럴까' 질문에서 새로움이 시작되지요.

홍 팀장 저기, 독서 멘토링 자리에서 할 질문은 아닐지도 모르지만…… 책을 꼭 읽어야 하는 이유가 있나요?

강 대표 하하하. 그것도 좋은 질문이네요. 제 이야기를 좀 먼저 할까
요? 홍 팀장님이 지금 하는 고민에 대한 해결의 씨앗을 찾을
지도 모르니까요.

홍 팀장은 고개를 끄덕였다. 잔잔한 말투였지만 강 대표에게는
묘하게 사람을 끌어당기는 힘이 있었다. 해결의 씨앗을 찾을지도
모른다니 더욱 흥미가 돋았다. 자신도 모르게 강 대표와의 대화에
이끌려가기 시작했다.

02

책으로 1주일에
30억 원을 벌 수 있다고?

── 입사시험 꼴찌를 CEO로 만든 책 읽기의 힘

강 대표 저는 회사에 입사시험 꼴찌로 들어갔어요. 제 동료들은 모두 쟁쟁한 스펙을 갖고 있었죠. 제가 월급 120만 원에서 시작해서 연봉 3억 원의 톱세일즈맨이 될 수 있었던 비결은 바로 독서에 있었습니다.

홍 팀장 단지 책을 읽은 것만으로 그것이 가능했다는 말씀인가요?

강 대표 네. 좀 더 자세히 이야기하면 책에서 배운 것을 현실에 '적용'했기 때문이지요. 책에는 분명 인생을 바꾸는 힘이 있습니다. 하지만 그저 읽기만 해서는 자신이 원하는 변화는 일어나지 않아요. 제가 인생을 바꾸게 된 계기와 더불어 모든 것의 출발은 책 속에 있었고, 제 인생에서 두 번째로 의미 있는 만남은 책이라고 생각해요.

홍 팀장 첫 번째는 뭔데요?

강 대표 제 아내와의 만남이지요.

홍 팀장 아……. 저도 사회생활을 좀 한 축에 들지만…… 그런 말을
당당하게 하는 분은 처음이네요…….

강 대표 하하. 홍 팀장은 만약 1주일에 30억 원을 벌 수 있는 비법을
알 수 있다면 들을 건가요?

홍 팀장 1주일……. 1주일에 30억 원……이요?

강 대표 세상에 도움이 되는 책을 쓰기 위해 어떤 저자들은 자신의
평생을 바쳤지요. 인문학과 자연과학, 예술에서 성취한 결과
들을 생각해보세요. 우주의 비밀을 알아내고, 인간의 비밀스
러운 영역인 무의식을 탐험하며, 인공지능의 가능성을 일궈
냈죠.

책에는 당장 우리에게 도움이 되는 지식은 물론 인류의 지
혜까지 담겨 있어요. 그런 책을 쓴 저자들의 평생 연봉이
30억 원이라면 싼 거죠. 책을 통하지 않고서 그들의 노하우
를 어떻게 알 수 있겠어요. 30억 원을 주고도 못 살지 몰라
요. 그런데 책을 읽으면 그들의 지혜를 배울 수 있잖아요. 단
1주일 만에요.

홍 팀장 30억을 주고도 못 사는 가치라……. 제가 직접 경험을 해서
그 정도 지혜를 얻으려면 평생이 걸려도 이룰 수 없지요. 그

런데 하루에 1시간씩 책을 읽어 1주일이면 그것을 알게 되는 것이네요?

강 대표 　네. 책에서 의미를 찾아내 습득하고 실천하는 방법을 저와 배워갈 겁니다.

궁금했다. 정말로 책이 인생의 문제를 해결해줄까?

정말 책 속 지식을 자신의 것으로 만들 수 있을까? 아니, 무엇보다 책을 읽는다고 업무 성과에 도움이 될까? 읽고 돌아서면 아무것도 기억나지 않는데 어떻게 읽고 실천한다는 말인가?

— 아침 커피 한잔처럼 자연스런 책 읽기 습관

강 대표 　세상을 이끄는 리더 혹은 탁월한 업적을 남긴 전문가들은 모두 독서광이었어요. 왜 그들은 책을 읽었을까요? 그들은 분 단위 심지어 초 단위로 시간을 썼어요. 그래도 매일 책 읽는 시간을 만들었지요. 남는 시간에 책을 읽은 것이 아니라 시간을 만들고 쪼개서라도 책을 읽었습니다. 이것이 그들의 남다른 점이었지요.

홍 팀장 　독서가 중요하다는 건 저도 알아요. 그런데 시간을 내기가 어려워요. 그나마 대리 때까지는 틈틈이 책을 읽었는데 팀장이 된 후부터는 업무시간도 부족해서 도무지 독서 시간을 낼 수가 없어요. 주말에도 출근을 하거나 가족과 함께 지내느라 혼자 책 읽는 시간은 엄두도 못 내고요. 어떻게 하면 책 읽는 시간을 확보할 수 있을까요?

강 대표 습관으로 만들면 됩니다.

홍 팀장 하하. 정말 심플하게 대답하시네요. 마치 '바나나 껍질은 노란 색이죠'라고 말하는 것 같은데요? 하도 간단하고 가벼운 대답이라서 질문이 너무 심각한 게 아니었나 싶을 정도예요…….

강 대표 제가 너무 쉽게 대답했나요? 하지만 정말 쉬운 일입니다.

홍 팀장 물론 습관으로 만들면 당연히 책을 많이 읽을 수 있겠죠! 저도 습관으로 만들어보려는 노력을 하지 않은 게 아니에요. 하지만 문제는 매번 작심삼일로 끝나고 만다는 거예요.

강 대표 괜찮습니다. 작심삼일은 어떤 일을 시도하기에 아주 적당한 시간이지요. 실패해도 잃을 게 없어요. 작심삼일 했다고 낙담하지 말고 책 읽기의 작심삼일을 몇 번만 반복해보세요.

홍 팀장 반복이라……. 그리고 보면 습관의 힘은 무서운 것 같습니다. 전 사실 20대 때는 커피를 잘 마시지 않았어요. 그런데 회사생활을 하면서 업무시작 전에는 자동적으로 커피부터 찾았고 식후에도 습관적으로 마셨더니 지금은 커피가 없는 아침은 생각도 하지 못할 정도거든요.

하지만 책은 커피와 다르잖아요. 맛도 없고 카페인도 없어요. 손에 들면 정신이 드는 게 아니라 오히려 정신이 혼미해져서 잠이 몰려들 때도 있어요. 그렇게 간단하게 책 읽는 것을 습관화할 수 있는 일이었다면 이런 고민을 하지도 않았을 거예요.

강 대표 숨을 쉴 때마다 '나는 숨을 쉰다'고 의식하시나요?

홍 팀장 아니요.

강 대표 책도 그렇게 읽으면 돼요. 삼시세끼 밥을 먹듯, 숨을 쉬듯, 자연스럽게 책장을 펼쳐서 읽는 거죠. 그러기 위해선 집 안 여기저기에 책을 놓아두세요. 일부러 서가에 가서 책을 뽑아 읽는 것은 때로 귀찮은 일입니다.

1분이라도 볼 수 있게 손 가까이에 두세요. 독서습관을 들이기 위해 의지를 억지로 키우려고 하지 마세요. 쉽게 책을 읽을 수 있는 환경부터 만드세요.

― 머리를 깨우는 1분 독서

홍 팀장 그래도 책을 읽어야겠다는 동기부여를 하는 게 먼저 아닌가요?

강 대표 하하하. 우리의 마음을 바꾸기는 쉽지 않아요. 하지만 환경

머리를 깨우는 아침 1분 독서

커피로 하루를 깨우듯 딱 1분만 아무 페이지나 펼쳐 읽으면
뇌에 활기가 돈다

을 바꾸기는 더 쉽죠. 조금 쉽게 이야기를 해볼까요.

사람들은 어떤 일을 할 때 동기부여를 먼저 생각합니다. 하지만 사람의 마음은 변화를 싫어하지요. 즉, 마음에도 관성이 있어서 원래 있던 상태를 유지하려고 든다는 겁니다. 아주 오래 전, 인간에게 변화는 생존과 관련된 문제였기 때문에 뭔가 달라지면 그것에 대해 본능적으로 경계를 하고 저항을 하는 습관이 무의식에 자리 잡았기 때문이죠.

홍 팀장 하지만 1년에 책을 1권도 읽지 않던 사람이 갑자기 하루에 1권씩 읽는 일은 불가능하잖아요.

강 대표 습관을 들이려면 가랑비에 옷이 젖듯 조금씩, 아주 조금씩 변화를 주는 게 좋아요. 책장을 만지기만 해도 좋고 아무 페이지나 펴서 딱 1분만 읽는 것부터 시작하세요. 작은 변화는 스트레스로 작용하지 않고 성취감을 느끼게 하기 때문에 뇌에 즐거움을 줍니다.

인간은 고통은 피하려고 들고 쾌락은 즐기려고 하는 존재입니다. 즐거운 일로 만들면 저절로 계속하게 되어 있어요. 애들이 게임하는 거 보셨죠? 밥도 안 먹고 잠도 안 자고 하잖아요.

홍 팀장 밥 생각도 안 나고 잠도 오지 않고. 음, 게임하듯 연애하듯 책을 읽으라 이 말씀이지요? 만나자고 하면 새벽에도 벌떡 일어나고 지치는 줄도 모르고 거리를 몇 시간씩 쏘다니는 것처럼, 연애하듯 책을 읽는 것.

강 대표 네, 맞습니다. 1차적 욕구조차 잊고 무엇에 몰두한다는 건 좋아서 그런 거죠. 사람의 관성이란 게 그렇죠. 좋은 건 계속 좋아하고 싫은 건 계속 싫어할 수밖에 없어요. 1분이라는 짧은 시간 동안 뇌에 즐거움을 줌으로써 책 읽는 관성을 몸에 배게 하는 거예요.

책에 대한 이야기를 하는 강 대표는 말하는 내내 얼굴 가득 함박 웃음을 짓고 있었다. 마치 지금 이 시간이 너무나 즐거워서 어쩔 수 없다는 듯한 표정이었다. 지혜로운 어른 같기도 하고 천진난만한 아이 같기도 했다. 그러면서도 눈빛은 강렬하게 빛났다. 목소리엔 힘이 느껴졌다. 말 한마디 손동작 하나 헛된 것이 없었다. 겸손하면서도 당당했고, 말하고자 하는 메시지를 명확하게 전달하고 있었다.

강 대표의 말을 듣는 홍 팀장의 몸이 점점 앞으로 기울고 있었다. 억지로 이 자리에 나왔다고 뚱 하던 마음은 오간 데 없이, 강 대표의 말을 주의 깊게 듣기 시작했다.

03

질문의 수준이
삶의 질을 결정한다

— 어떤 질문을 던지며 살고 있나요?

홍 팀장 대표님 말씀을 들으니 간단명료하면서도 깊이가 있네요. 문
제의 핵심을 잘 알게 되고요.

강 대표 저도 부족한 점이 많은 사람입니다. 제가 한 말들은 책에서
읽고 배운 거예요.

홍 팀장 실생활까지도 배움이 이어질 수 있을까요?

강 대표 저도 싫은 사람이 있고, 게으름도 피웁니다. 열정적으로 일
할 때도 있지만 실패를 겪기도 하지요. 하지만 분명한 건 저
는 제가 하는 일을 어제보다 오늘, 더 사랑합니다. 책을 통해
조금씩 무지에서 벗어날 수 있었고 또 깨달음을 얻을 수 있
었던 덕분이죠.

특히 뇌에 대해 공부하면서부터 인간 마음의 메커니즘을 이해한 것이 많은 도움이 되었습니다. 책을 읽을 때마다 '감정이란 무엇인가' '저 사람은 나를 왜 싫어하는가' '나는 왜 저 사람보다 열등한가' 끝없는 질문이 샘솟았습니다. 그러다가 문득 깨닫게 되었죠. 우리에게 독서가 왜 중요한지를 말이에요. 그것은 단순히 업무성과를 올린다든가, 돈을 많이 번다든가, 좋아하는 사람과 연애에 성공하는 것보다 훨씬, 더 중요한 것이었어요.

홍 팀장 아니, 돈보다 연애보다 중요하다고요?

강 대표 책이 주는 가장 중요한 깨달음은 '질문의 중대함'에 있습니다. 지금 자신에게 어떤 질문을 던지며 살고 있나요? '나는 왜 이 모양일까?' '내 인생은 왜 이렇게 안 풀릴까?' '부장은 왜 나만 괴롭힐까?' '팀원들은 왜 일을 안 할까?' 혹시 이런 질문을 던지고 있나요?

홍 팀장 흠……. 제가 저 자신에게 매일 반복해서 던지는 질문이 바로 그런 것들이었네요.

강 대표 그런 부정적인 질문을 자신에게 계속 던지고 있다면 평생 힘든 삶에서 벗어나지 못합니다. 자신이 던지는 질문의 수준이 삶의 질을 결정하기 때문이지요.

— 좋은 질문이 큰 자리로 이끈다

쿵!

바위가 떨어지는 것 같은 소리가 들렸다. 주변은 숨소리 하나 들리지 않을 만큼 조용했는데 홍 팀장의 귓속에서는 바위가 떨어지고 있었다.

'내가 던지는 질문의 수준이 삶의 질을 결정한다고?'

오늘 점심에 뭐 먹지? 서 대리는 오늘 왜 지각했지? 오늘 커피 값은 누가 내지? 회식 때 2차를 어떻게 빠지지? 아내의 잔소리는 어떻게 피하지? 하루에도 몇 번씩 자동적으로 던지는 질문들은 스스로 생각해도 한심한 것뿐이었다.

'내 삶의 수준이란 겨우 그 정도였단 말인가.'

강 대표 제가 오늘 홍 팀장님께 하고 싶은 말의 핵심은 이것입니다.
자기경영이란 것은, 스스로 자신의 주인으로 살아가는 것입니다. 팀장이든 대리든 사장이든 직책은 상관없어요.
자기 삶의 주인공으로 살아가는 사람은 남 탓을 하기보다 문제해결을 하기 위해 스스로에게 좋은 질문을 던집니다.
좋은 질문은 우리의 삶을 더 높고 큰 자리로 이끌어주지요.

홍 팀장 어떻게 하면 좋은 질문을 던지게 되나요? 그것을 배울 수 있는 방법이 있나요?

강 대표 물론 있지요. 책을 읽으세요. 책에서 삶을 바꾸는 질문이 시
작되니까요.

홍 팀장 책에서 질문이 시작된다고요?

  이 말을 기점으로 물 만난 고기가 신나게 헤엄을 치듯, 홍 팀장
은 쉴 새 없이 질문을 쏟아냈다. 그러나 강 대표는 지친 기색도 없
이 알아듣기 쉬운 말로 조리 있게 설명을 해주었다. 홍 팀장은 자신
도 모르게 최근 겪고 있던 어려움을 술술 털어놓았다. 그러면 강 대
표는 말을 중간에 끊지도 않고 끝까지 다 듣고 난 후에 한마디를 꼭
덧붙여주었다. "참, 애썼네요. 마음고생 많았겠어요"라고 지나가는
듯 던지는 짧은 한마디였을 뿐인데 오히려 그 말이 홍 팀장의 마음
을 움직였다. 과장되지 않으면서도 조용히 마음을 어루만지는 말이
었기 때문이다.

독서의 패러다임을 바꿔라

- -

읽고 돌아서면 아무것도 기억나지 않는 이유

애써 시간 들여 책을 읽었지만 뒤돌아서면 아무것도 기억나지 않는다는 사람들이 많습니다. 왜 그럴까요? 빨리 많이 읽는 것을 목표로 하는 사람들은 책의 권수를 늘리는 데만 즐거움을 느끼는 나머지 책을 완전한 내 것으로 만드는 데 취약합니다.

우리가 책을 읽는 목적은 책을 확실히 이해하고 책에서 얻은 지식을 내 것으로 만드는 데 있습니다. '얼마나 많은 책을 읽었나'에 초점을 둔 독서는 허황된 자기만족일 뿐입니다. 손가락으로 한 장, 두 장…… 한 권, 두 권…… 개수만 늘려갈 뿐 완전한 내것은 아니기 때문이지요.

기존에 가지고 있던 독서의 패러다임을 완전히 새로운 패러다임으로 바꾸어야 합니다. 그래야 책을 읽고 머릿속 거름망으로 알짜 정보만 쏙쏙 골라내어 온전한 내 것으로 만들 수 있습니다.

온전한 내 지식으로 만드는 독서 패러다임

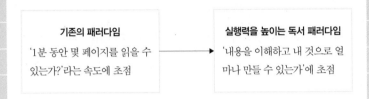

기존의 패러다임	실행력을 높이는 독서 패러다임
'1분 동안 몇 페이지를 읽을 수 있는가?'라는 속도에 초점	'내용을 이해하고 내 것으로 얼마나 만들 수 있는가'에 초점

독서 패러다임을 바꾸는 방법

책을 빨리 읽는 속독보다 제대로 이해하는 속습이 더 중요합니다. 지속적인 속습을 통해 배경지식이 쌓이면 속도는 자동적으로 빨라지기 때문이지요.

〈이해〉 골라 읽기	〈깊이〉 반복 읽기	〈속도〉 빨리 읽기
책은 중요한 부분만 골라 읽어도 된다!	자신에게 중요한 책은 한 번 읽고 덮지 마라!	이해와 깊이가 다져지면 속도는 저절로 빨라진다!

변연계를 활용하는 독서

대뇌의 변연계를 활용하여 적극적인 책 읽기를 해봅시다. 대뇌 변연계를 안심시키는 책 읽기라고 할 수 있겠지요. 신경 정보는 대뇌 신피질에 도달하기 전에 변연계를 거치게 되는데요, 대뇌 변연계는 신체를 스트레스로부터 보호하려는 목적으로 신체적, 정신적으로 균형을 유지하려는 성질이 강합니다. 새로운 정보를 기존 지식 안에 적절하게 배열할 수 없을 때 부담을 느끼고 짜증을 내게 되는 이유가 여기에 있지요.

정보와 지식의 필터링 역할을 하면서 부정적인 감정들로부터 보호하려는 변연계를 활용하면 효율적으로 책 읽기를 할 수 있습니다.

자, 우리는 이 변연계를 안심시켜 지식화, 구조화하는 책 읽기를 할 것입니다. 앞으로 우리는 책을 읽기 전에 하는 사전 독서 방법에 대해 배울 것입니다. 사전 독서를 하여 전체적인 틀을 잡고, 체크 독서법으로 과거의 경험과 연결하며, 목표가 있는 책 읽기로 기준점을 제시하는 방법은 시간을 절약하고 기억을 지속시켜 학습을 용이하게 하는 독서법입니다.

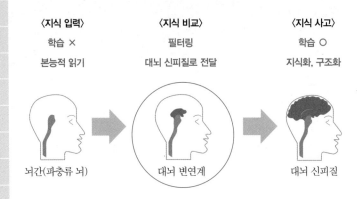

지식을 받아들일 때 뇌의 과정

〈지식 입력〉

학습 ✕

본능적 읽기

〈지식 비교〉

필터링

대뇌 신피질로 전달

〈지식 사고〉

학습 ○

지식화, 구조화

뇌간(파충류 뇌)

대뇌 변연계

대뇌 신피질

그림 출처 : 크리스티안 그뤼닝, 『공부가 된다』, 이순, 2009

04

인생을 변화시키는 가장 쉬운 방법

— 자전거를 타던 사람이 비행기를 조종하려면

강 대표 사람의 잠재력은 참 놀라워요. 우리가 가고자 하면 가게 되고, 변하고자 하면 변합니다. 독서는 나도 몰랐던 내 안의 놀라운 잠재력을 깨우죠.

누군가는 잠든 거인을 깨우라고 하고, 누군가는 창조성을 꽃피우라고 하는데 결국 같은 말이에요. 사람은 자신이 가진 가능성을 다 발휘하지 못하고 사니까요. 홍 팀장님도 팀장으로서의 고충을 털어놓았지만 어려움을 겪는다는 건 일을 제대로 하고 있다는 신호예요.

홍 팀장 제가 능력이 부족해서가 아니라요?

강 대표 자신이 하고 싶은 일을 하면서 어려움을 겪지 않는 사람도 있나요? 저는 그런 사람을 한 명도 만나지 못했는데요.

홍 팀장 하지만 잘나가는 사람들을 보면 한 번도 실패나 어려움을 겪지 않은 것처럼 보여요. 겪었다고 해도 매번 고군분투하는 게 아니라 가볍게 다루는 것 같고요. 그런데 저는 그게 참 힘들거든요.

강 대표 처음이잖아요.

홍 팀장 ⋯⋯?

강 대표 홍 팀장님도 팀장은 생애 처음이잖아요. 누구나 처음 해보는 일을 능숙하게 잘해내긴 어려워요. 그동안 쌓인 경력이 있다고 해도 대리에서 과장, 차장이 되는 것과, 팀원들을 관리하는 팀장이 되는 것은 다른 얘기죠.

지금까지는 자신이 맡은 일만 잘하면 됐지만 이제는 전체를 봐야 하니까요. 말하자면 자전거를 타던 사람이 사람들을 태운 비행기를 조종하게 된 셈이라고나 할까요. 땅에서 달리는 것과 하늘을 나는 것은 전혀 다른 일이지요. 역할이 달라짐에 따라 요구되는 능력도 달라지고요.

홍 팀장 아⋯⋯ 지금까지 들은 그 어떤 말보다 위로가 되는 말이에요. 사실은 정말 제 일을 잘하고 싶어요. 팀원들이 의지할 수 있는 팀장이 되고 싶고, 회사에서도 어떤 일이든 믿고 맡길 수 있는 팀장으로 신뢰를 받고 싶고요.

— 물음표가 생겼다면 큰 걸음을 내디딘 것

독서를 통해서 인생을 변화시키고 싶다는 생각이 머릿속에 뭉게뭉게 피어났다. '정신이 고양된다는 것은 이런 것인가.' 복잡하고 난해하고 어렵게 들리는 질문도 강 대표가 말해주는 것을 들으면 단박에 정리가 되고 명쾌해졌다.

강 대표 좋아요. 홍 팀장님이 팀장으로서 한 단계 성장하는 과정에 저도 힘이 되고 싶네요. 제가 도울 수 있는 건 독서를 통한 자기경영이니 지금 홍 팀장님에게 필요한 부분을 말씀해보세요.

홍 팀장 우선, 팀원관리가 잘 안 돼요. 시간관리도 어렵고요. 얼마 전 진행하던 프로젝트가 엎어지면서 사기가 꺾인 상태예요. 새로 시작한 일도 난항을 겪고 있고요. 제가 좀 더 다부지게 카리스마를 보이면서 밀어붙여야 하나 싶은데 어디서부터 풀어야 할지 모르겠어요. 이제 겨우 1년 차 팀장이라 경험이 부족한 탓도 있겠고요.

강 대표 리더로 성장하는 사람들이 반드시 겪는 과정을 경험하고 계시네요. 반복해서 말씀드리지만 그런 과정을 겪지 않고 앞으로 나아가는 사람은 없어요. 중요한 것은 끝까지 해내는 힘이죠. 혹시 마셜 골드스미스Marshall Goldsmith의 『트리거』

를 읽어보셨나요?

홍 팀장 『트리거』요? 서점에서 본 것도 같은데…….

강 대표 실패와 역경, 슬럼프를 극복하고 뛰어난 성취를 이룬 사람들에게서 공통적으로 발견되는 성공의 공통 열쇠가 무엇인지 밝힌 책이죠.

홍 팀장 성공의 공통 열쇠라……? 그 비결이 뭔가요?

강 대표 생각과 행동을 바꾸는 것입니다.

홍 팀장 어떻게 하면 그렇게 할 수 있나요?

강 대표 더 궁금하지요? 궁금해지는 것. 책 읽기의 첫 걸음이지요. 직접 읽어보세요. 그리고 직접 해답을 찾아보세요. 그러고 다음 만남 때 저와 이야기를 해보도록 하죠. 내 눈으로 읽으면 남에게 말로 듣는 것보다 100배는 더 강력하게 알게 되니까요.

강 대표는 이제는 홍 팀장도 익숙해진 '빙그레 미소'를 지었다.

05

하루 1시간씩
1주일에 1권 읽기 프로젝트

— 1시간만 투자하면 1년에 50권을 읽는다

대화는 점점 무르익어갔다. 강 대표는 홍 팀장에게 앞으로 5회에 걸쳐 한 달에 한 번 만나 2시간 정도 대화를 나누고 그때마다 새로운 미션을 주기로 했다. 횟수로는 몇 번 되지 않았지만 장장 5개월에 걸친 일정이었다.

강 대표 오늘부터 시작이니 첫 번째 미션을 드리지요. '1일 1시간 독서'입니다.
자신이 몸담고 있는 분야의 책을 최소한 하루에 1시간을 읽으세요. 하루에 1시간이면 1주일에 1권 정도 읽게 되죠. 자기계발 분야의 세계적인 권위자 브라이언 트레이시Brian

Tracy는 『타임 파워, 잠들어 있는 시간을 깨워라』에서 시간 관리는 인생관리라고 했어요. 시간에 대한 이야기는 나중에 좀 더 자세히 말씀드리겠지만, 시간을 어떻게 쓰느냐에 따라 인생이 달라지지요.

홍 팀장 1주일에 1권씩 읽을 때 1년이면 50권을 읽게 된다는 계산이 나오네요. 1년에 무려 50권이라니……. 엄청난데요?

음…… 50권이라고 생각하면 그걸 언제 다 읽나 싶어서 숨이 턱 막히다가도 하루 1시간씩 읽는다고 생각하면 그래도 충분히 가능할 것 같아요.

강 대표 네. 3년이면 150권을 읽게 되죠. 홍 팀장님이 몸담고 있는 분야의 전문 서적을 지금까지 몇 권이나 읽으셨나요?

홍 팀장 그게…… 아마 한 서너 권 정도는…….

하하. 말하기도 민망한 숫자네요. 생각해보니 입사 후 손에 책을 잡은 기억이 없어요. 눈앞에 닥친 할 일을 해결하는 데 급급하거나 시간이 생기면 '휴식'이 필요하다는 이유로 스마트폰 게임, 텔레비전, 영화 등 오락거리를 추구하며 살았거든요. 오히려 대학 때 더 많은 책을 읽었던 것 같아요. '책을 읽어야 할 텐데'라고 막연히 생각했지만 솔직히 절실한 과제는 아니었습니다. 이런…… 그러고 보니 의미없이 지나온 시간들이 많았던 것 같네요. 그 시간에 책을 읽었더라면 지금의 저는 달라졌을지도 모른다는 생각이 들어요.

강 대표 책을 읽어도, 책을 읽지 않아도 3년이라는 시간은 지나가요.
        하지만 만약 꾸준히 독서를 해서 3년 동안 150권을 읽는다
        면 홍 팀장님은 그 분야의 전문가가 될 수 있어요. 그리고
        5년 동안 250권을 읽으면 국내에서 손꼽히는 전문가도 될
        수 있고, 7년 동안 350권을 읽으면 세계적인 전문가도 될
        수 있지요.

홍 팀장 세계적인 전문가까지는 뭐…….

　　홍 팀장은 너무 거창한 게 아닌가 싶어 강 대표를 바라보았다. 지
금 자기 앞가림도 못하는 처지인데 세계적인 전문가라니, 될 법한
이야긴가 싶었다. 그러나 강 대표는 한 치 흔들림 없는 눈빛으로 홍
팀장을 바라보았다.

─ 왜 독서가 습관화되지 않을까?

강 대표 1일 1시간 독서를 우습게보지 마세요. 책이 우리 정신을 얼
        마나 드높이는지를 제대로 경험하고 나면 생각이 완전히 바
        뀔 겁니다. 그건 세상 어떤 것보다 중독성이 강해요. 나중에
        는 책을 읽지 않고는 살 수 없을 만큼이요.

홍 팀장 독서중독자라니, 그렇게 되면 오죽이나 좋겠어요.

하루 딱 1시간씩 책 근육을 키우자

하루 1시간씩 책 근육을 키운다

1주일에 1권씩 1년 50권 사이클을 만들자

1년 50권 사이클이면 5년 뒤 넘볼 수 없는 전문가!

강 대표 고기도 맛을 봐야 알 수 있죠. 오늘부터 한 달이라는 기간
을 잡으세요. 지금부터 한 달 동안 자기 분야의 책을 하루에
1시간씩 꾸준히 읽는 겁니다. 운동을 한 달만 해도 몸이 변
하는 것을 느끼죠? 독서도 마찬가지예요. 한 달만 꾸준히 책
을 읽어도 독서가 정신에 미치는 영향을 금방 깨닫게 될 거
예요.

책을 읽다 보면 독서를 하기 전엔 눈에 보이지 않았던 가능
성과 기회를 서서히 보게 될 거예요. 매사에 명석해지고, 집
중력이 높아지는 걸 체감하게 되고, 점차 창의적인 사람으
로 성장해가게 되지요.

홍 팀장 정말로 그런 일이 제게 일어날까요?

강 대표 물론입니다. 삶 전체가 변하기 시작할 겁니다. 지각변동이
일어나는 것처럼요. 계획에 따라 실행하는 독서는 그 분야
에 대한 지식은 물론 간접경험까지 풍부하게 하죠. 단언컨
대, 하루 1시간씩만 독서해도 1년 안에 사내에서 그 누구도
따라오지 못하는 인재가 될 겁니다.

인생에 대한 좌표와 원칙을 세우는 데 그 무엇보다 절대적
인 도움을 주는 게 독서입니다. 게다가 독서에 푹 빠져보는
경험은 정서를 풍요롭게 합니다. 재미나 호기심, 상상력을
충족시킬 수 있어서 삶을 더 다채롭게 만들어주지요.

구구절절 맞는 말이었다. 되돌아보니 자신이 얻은 지식 중의 상당 부분은 책에서 얻은 것이었다. 지식과 더불어 분야에서 뛰어난 경험을 한 타인의 노하우를 빌려올 수 있다는 점도 매력적이었다. 수많은 성공사례가 책에는 담겨 있기 때문이다.

강 대표 책은 훌륭한 자극제이자 동기부여의 기폭제 역할도 하지요. 제가 영업 실적 1위의 세일즈맨이 될 수 있었던 것도 독서의 힘이었습니다. 슬럼프를 극복할 수 있는 힘도 거기서 나왔고요.

홍 팀장 책으로 슬럼프를 극복하셨다고요?

강 대표 네. 그 경험은 지금도 제 안에 단단히 자리 잡고 있어요. 책을 그냥 읽고 끝냈다면 결코 느낄 수 없는 일이었겠지만, 현실에 적용하는 것을 독서 원칙으로 잡고 있었기 때문에 그때 읽은 책이 제 삶을 완전히 바꿔주었죠.

실행력을 높이는
독서 솔루션 2

지식이 아닌 지혜를 얻는 가장 빠른 길

나만의 북 멘토 라인업

책에도 편식이 있습니다. 의식적으로 선택하지 않으면 자신이 좋아하고 읽기 편한 분야만 읽게 됩니다. 경영, 학습조직, 리더십, 성공 등 분야별로 자신의 북멘토를 의식적으로 찾으면서 읽어보세요. 이런 책, 저런 책을 맛보며 잡식성 책 읽기의 즐거움에 빠져들어 보세요.

평소 책 읽기 습관이 안 된 사람이 처음부터 두꺼운 이론서를 한 권 독파하기는 쉽지 않습니다. 생소한 분야라 하더라도 입문서, 개론서 등 점차 단계를 높여나가면 됩니다. 책 근육을 키워가다 보면 어느새 각 분야의 대가들에게까지 이르게 됩니다.

1890년 설립된 시카고 대학교는 1929년까지 별 볼일 없는 대학으로 명맥을 유지하다가 로버트 허친스Robert Hutchins 박사가 총장이 되면서 모티머 J. 애들러Mortimer J. Adler 교수의 컨설팅을 받게 됩니다. 그러면서 학생들에게 '고전 100권'을 의무적으로 읽게 했습니다. 그 가운데 자신의 역할 모델을 발견하도록 했지요. 고전 속의 위대한 인물을 발견하고 학습하고 닮아가는 과정을 지향한 시카고 대학교는 89명(2016년 기준)의 노벨상 수상자를 배출하여 세계 최고 명문 중의 명문이 되었습니다.

지식은 위대함을 창조하지 못합니다. 인간을 변화시키고 세상을 움직이는 힘은 지혜에 있습니다. 독서는 지식이 아닌 지혜를 얻는 가장 빠른 길입니다.

한 권의 책을 읽는다는 것은 한 사람을 온전히 대면하는 것과 같습니다. 분야별로 책 속에서 북 멘토를 찾아보세요.

강규형의 북 멘토

분야	이름
경영	피터 드러커Peter Drucker
학습조직	피터 센게Peter Senge
리더십	존 맥스웰John C. Maxwell
성공	브라이언 트레이시Brian Tracy
습관	찰스 두히그Charles Duhigg
세일즈	프랭크 베트거Frank Bettger
미래	앨빈 토플러Alvin Toffler

시간	피터 드러커Peter Drucker
마케팅	빌 비숍Bill Bishop, 필립 코틀러Philip Kotler
NLP(신경언어 프로그램)	토니 로빈스Tony Robbins
변화	구본형, 존 코터John Kotter
통찰	이어령, 세스 고딘Seth Godin
하프타임	밥 버포드Bob Bufford
인간관계	데일 카네기Dale Carnegie
커리어	리처드 볼스Richard N. Bolles
전략	이순신, 보응우옌잡武元甲
창조와 혁신	세종대왕
재능	대니얼 코일Daniel Coyle
독서법	모티머 애들러Mortimer J. Adler

06

1권 1실행
원-원One-One 전략

— **종이 한 장과 붉은 펜 하나로 만드는 기적**

강 대표는 지갑에서 종이 한 장을 꺼냈다. 오래 되어서 낡고 다 해진 종이였다. 하지만 그는 마치 세상에서 가장 소중한 것을 꺼내는 듯 조심스럽게 펼쳐보였다. 그 종이에 적힌 구절을 들여다보는 눈이 반짝였다.

강 대표 제가 보험 세일즈를 하던 시절이었어요. 실적 1등 톱 세일즈맨으로 성공 가도를 달리던 제게도 슬럼프가 찾아왔죠. 그때 읽었던 게『실패에서 성공으로』라는 책이었어요. 프로 야구 선수였지만 부상을 당해 보험 세일즈를 했던 프랭크 베트거가 쓴 책이었죠. 마치 활자가 살아서 눈으로 튀어 들어오는 느낌이었어요. 이런 구절이었죠.

"나는 하루에 적어도 네 사람을 만나고 방문횟수를 기록해 보기로 결심했다. 이 기록을 관리하는 10주 동안 나는 그 전의 10개월 동안 판매했던 것보다 훨씬 많은 5만 1000달러 치의 보험을 판매했다."

홍 팀장 기록이 기적을 만들었군요.

강 대표 그 책을 읽고 나서 인생의 목표를 종이에 쓰기 시작했어요. 받고 싶은 연봉을 정한 후 매월 매주로 나눠 기록했지요.

간단하고 단순한 목표를 만들고 1주일마다 붉은 색 펜으로 체크하고 스스로 피드백을 했어요. 성과가 저조한 달엔 기록하기가 죽기보다 싫을 때도 있었죠. 하지만 멈추지 않고 끝까지 기록했어요. 그 결과 연말엔 연봉 4억 원의 지점 챔피언이 되었지요.

강 대표의 말을 듣고 나니 현장적용 독서가 무엇인지 감이 왔다. 홍 팀장은 당장 실행하기로 마음먹었다. 한 권의 책을 읽고 무엇을 행동으로 옮길 것인지를 결정하는 것은 자신의 선택이고 자유였다. 그 자리에서 바로 '1권 1실행'이라는 원칙을 세웠다.

'책을 읽고 내가 배우거나 깨달은 것 한 가지는 반드시 현실에 적용하자.'

더 많이 적용하고 싶은 욕심도 들었지만 익숙해지고 습관이 될 때까지 한 가지만 적용해보기로 했다. 오직 하나만 행동으로 옮긴다고 생각하면 어렵지도 않고 집중력도 생길 테니 잘 해낼 수 있을 것 같았다. 그리고 지금은 힘을 분산시킬 이유가 전혀 없었다.

'이른바 원-원 전략이군.'

스스로 지은 이름이 그럴 듯하게 느껴졌다.

─ 업무나 인간관계에 책을 적용한다

강 대표 홍 팀장님은 독서를 통해 지금 당장 해결하고 싶은 문제가 무엇인가요?

홍 팀장 성과를 내고 업무에 도움을 얻는 거죠.

강 대표 좋아요. 기막힌 방법을 알려드릴 테니 한 달 동안 적용하면서 익혀보세요.

홍 팀장 기막힌 방법이라니, 지금 제게 그것보다 기쁜 말이 없네요. 난항을 겪고 있는 프로젝트를 해결할 실마리도 얻을 수 있으면 좋겠네요.

강 대표 우선 독서의 목적을 한 번 더 짚고 갑시다. 단지 재미와 흥미를 위해서만 책을 읽기 시작한 건 아니시죠?

홍 팀장 그렇죠. 단순하게 말하면 일을 더 잘해보려고 읽죠.

강 대표 그럼 한 가지 질문을 더 던지죠. 지금까지 책을 읽고 어떻게 하셨나요?

홍 팀장 어떻게 하다니요? 그냥 읽었죠…….

강 대표 책에서 읽은 것을 관계나 업무에 적용해본 적은요?

홍 팀장 그게…… 그냥 책을 읽는 것에만 집중하다 보니…….

강 대표 그래서 목적 있는 독서가 중요한 겁니다. 책을 읽는 목적이 '나를 성장시키고 팀장으로서 하고 있는 일을 더 잘하기 위해서'잖아요? 물론 책을 읽는 것 자체만으로도 도움이 되지요. 하지만 최고 좋은 방법은 책을 읽고 느끼고 깨달은 점을 바로 현장에 적용해보는 겁니다.

책을 읽고 끝나는 게 아니라 내 일과 삶에 적용을 하는 독서! 홍 팀장은 자신과 팀원들을 생각해보았다.

'지금 내가 하고 있는 일에서 개선이 필요한 부분은 무엇일까?' '다른 부서의 도움을 끌어내야 할 부분은 무엇일까?' '격려를 해야 하는 팀원은 누구일까?'

중요한 것은 독서 그 자체가 아니다. '독서를 통해 무엇을 할 것인가'를 결정할 수 있어야 했다. 이 말은 '왜 독서를 하느냐' 하는 문제와도 이어져 있었다.

'우리가 아는 것을 행동으로 옮기지 않는다면 앎이 무슨 소용이 있을까?'

강 대표가 말하는 문제 해결 독서법은 간단했다. 책을 읽고 난 후

솔루션 독서 습관 기르기

읽고 무조건 한 가지는 적용한다

하나만 실행하면 되므로 집중력과
실행력이 샘솟는다

습관이 되면 적용 가짓수를 점점 늘린다

그 책에서 저자가 강조한 것을 자신의 일에 적용해보는 것, 그 책을 읽으면서 떠오른 아이디어가 있다면 그것을 적용하는 것. 핵심은 적용을 하고 행동으로 옮기는 것에 있는 것이다.

07

목적 있는 독서로
뇌를 자극하라

— 기록하고 말하고, 2번만 해보면 머리에 쏙!

강 대표는 홍 팀장이 막연하게 지니고 있던 독서에 대한 기존 관념을 뿌리째 흔들었다. 책은 읽어도 그만 안 읽어도 그만인 일이 아니었다. 독서야말로 눈앞을 가리고 있는 안개를 걷어내고 가장 빠르게 현명해지는 지름길이었다.

강 대표 독서습관을 들인다고 쉽고 가벼운 흥미 위주의 책만 손에
쥐진 마세요. 한 달 동안은 독서습관을 들이기 위한 시간이
지만 1년 동안 지속할 독서는 명확한 목적이 있어야 해요.
되도록 업무에 도움이 되는 전문 분야의 책을 읽고, 거기에
서 파생되는 참고서적들을 찾아 읽으세요.

홍 팀장 알겠습니다. 그럼 오늘 당장 무엇을 하면 좋을까요?

강 대표 우선 책부터 사야겠지요?

홍 팀장 아! 네. 하하하. 그럼요. 당연하죠.

강 대표 책은 한꺼번에 몇 권씩 사서 쌓아두는 것도 좋아요. 인간은 시각에 예민한 동물이기 때문에 자꾸 자극을 주는 게 좋거든요. 화장실이든 거실이든 침실이든 손에 닿는 곳에 책을 놓아두세요. 책과 마주치는 기회를 넓히세요.

자꾸 보면 정든다고 하죠? 책도 마찬가지예요. '각 잡고 읽어야 하는 것' '시간을 일부러 내서 읽어야 하는 것'이라고 계속 생각하다 보면 책과도 자연스럽게 멀어져요. 삶의 일부로 책을 적극적으로 끌어들이세요.

책을 꺼내러 일부러 가야 하는 게 귀찮아지면 책 읽기도 일이 되어서 스트레스가 돼요. 재미있게 즐길 수 있는 방법을 연구해보세요.

홍 팀장 대표님은 어떻게 하셨어요?

강 대표 두 가지 방법이 있는데 하나는 기록을 하는 것이었고, 또 하나는 말을 하는 것이었어요. 읽고 있는 책을 자연스럽게 화제로 꺼냈죠. 얘기를 하다 보면 포인트를 전달해야 하니 더 집중력이 생기고, 나중엔 사람들이 자연스럽게 어떤 책을 읽는 게 좋으냐고 물어보더라고요.

배워서 남 주냐고 하지만, 배워서 남 주는 거 맞아요. 그러니 읽고 아낌없이 주변에 지식을 나눠주세요.

홍 팀장 애써 내 시간 들여서 읽은 책 내용을 남과 나눈다는 게 아깝지는 않나요? 저만 알고 있으면 저만의 경쟁력이 될 수 있을 텐데……

강 대표 지식은 공유할 때 더 큰 가치가 생깁니다. 독서하고 난 후 다른 사람들과 이야기를 나눠본 적 있나요? 홍 팀장이 생각하던 것과 전혀 다른 시각을 알 수 있을 거예요.

홍 팀장 아…… 읽은 것을 나눔으로써 제 시각이 더 넓어지는 거네요.

강 대표 그렇죠. 그리고 책을 보면 아무리 힘든 상황에 있는 사람도 왜 사는지 삶의 의미를 찾고 나면 극복할 수 있어요.
'죽음의 수용소'라고 불리던 아우슈비츠에서 돌아온 빅터 프랭클Viktor Emile Frankl 박사는 『죽음의 수용소에서』라는 책에 절망 속에서도 어떻게 하면 삶에 대해 '예스'라고 말하는 것이 가능한지 써내려갔지요. 나치 수용소에서 그가 어떻게 살아 돌아올 수 있었는지 상상이 되시나요? 저는 그 책을 읽으며 인간이 이겨내지 못할 역경은 없다는 생각을 했어요. 지금도 가까이 두고 어려움을 느낄 때마다 한 대목 한 대목 읽어가지요.
좋은 책은 몇 번을 읽어도 그때마다 힘을 주고 감동을 느끼게 하니까요.

홍 팀장은 당장 집에 들어가 1시간 독서를 하고 싶은 의욕이 생기기 시작했다. 오늘 강 대표와의 만남은 인생의 터닝 포인트로 기억될 만했다. 지금 이 순간의 흥분과 감동을 앞으로도 절대로 잊지 말아야겠다고 생각했다. 추락하는 비행기를 타고 있는 것처럼 절망스러웠던 마음에 새로운 희망이 솟아났다.

지금 처한 어려움을 이겨내고 난항을 겪고 있는 프로젝트도 다시 되살릴 수 있는 책 읽기라면 얼마든지 해보고 싶은 마음이다. 기대감도 생겼다. 그러나 한편으로는 걱정도 들었다. 과연 내가 정말로, 매일, 책을 빼먹지 않고 읽을 수 있을까? 해낼 수 있을까?

실행력을 높이는
독서 솔루션 3

독서 사이클을 만드는 습관

1. 목적 있는 독서를 하라

초심자가 처음에 책을 고를 때는 유행에 따르거나 흥미 위주의 책, 혹은 베스트셀러 중심으로 책을 고르는 경향이 있습니다. 이것을 '유희적 책 읽기' 즉 감정에 따라 읽는 독서라고 합니다. 그러나 팀 장으로 성과를 내고 싶다면 분명하게 자신의 목적에 맞는 책을 읽 을 것을 권장합니다.

즉, 자신의 꿈에 대한 부분, 전문 분야에 대한 부분, 자신을 경영하 는 부분, 학습에 대한 부분 등 독서의 목적을 먼저 정하고 책을 골 라 읽는다면 더욱 효과적으로 독서를 할 수 있습니다. 전체 독서량 의 70~80%는 자신의 전문 분야를 더욱 성장시켜줄 책을 읽고 나 머지 20~30%는 트렌드, 신간, 베스트셀러 순으로 고르세요.

2. 무작정 읽지 마라

책을 읽을 때 독서법을 배우라고 하면 대부분 그냥 읽으면 되는 거 아니냐며 의아해합니다. 그러나 효과적으로 읽을 수 있는 다양한 독서법이 존재합니다. 자신에게 알맞는 독서법과 독서정리법을 배울 수 있다면 더욱 흥미 있게 책을 읽을 수 있습니다.

3. 1년 50권 사이클을 만들어라

매주 1권씩 읽으면 1년에 몇 권을 읽을 수 있을까요? 최소 50권이 됩니다. 일을 하면서 부담 없이 책을 읽을 수 있는 양은 1주일에 1권입니다. 만약 1년에 50권 이상을 너끈히 읽을 수 있게 되면 100권으로 목표를 높여 잡아 달성해갑니다.

4. 머리를 깨우는 5분 틈새 독서

외부환경에서 책을 보면 의외로 집중력이 높아집니다. 5분, 10분을 보더라도 꽤 많은 양의 책장을 넘길 수 있습니다. 어떤 장소에든 책을 가져가는 습관을 기르세요. 다만 1주일 이상 같은 책을 가지고 다녀서는 안 됩니다. 가방 속에 계속해서 가지고 다니는 책은 마음의 짐일 뿐입니다.

5. 입으로 말해보면 머리에 각인된다

독서는 혼자 하는 것보다 모임을 만들어 함께하면 열정을 유지할 수 있고 다양한 관점과 지식을 배울 수 있습니다. 사람은 가르칠 때 가장 많이 성장합니다. 많이 알아서 가르치는 것이 아니라 먼저 알았기 때문에 가르치는 것입니다. 읽은 책은 부지런히 주변 사람들에게 알리고 말하세요. 독서의 기쁨이 몇 배로 커집니다.

6. 책의 여백을 그냥 두지 마라

책을 깨끗이 읽어야 할 이유는 없습니다. 떠오르는 아이디어, 적용 사항, 깨달은 점 등을 거리낌 없이 여백에 적고, 책장의 귀퉁이를 접거나, 포스트잇 등을 붙어둡니다. 책의 맨 마지막 장에는 읽은 날짜와 간단한 소감을 써두세요. 재독, 삼독을 할 때도 역시 읽은 날짜를 기록합니다.

7. 깨달은 것이 있다면 반드시 실천하라

현장에 적용하지 않는 책 읽기는 시간낭비입니다. 업무에서 성과를 올리고 자기계발을 원한다면 반드시 개인적으로도, 조직적으로도 적용해보는 것을 습관화해야 합니다.

08

책을 볼 수 없는
장소는 없다

─ 각 잡고 읽겠다는 생각을 버려라

홍 팀장 한 가지 걱정이 있어요. 일단은 하루 1시간 독서를 하는 게
아주 어렵지는 않을 것 같지만 출장을 간다거나 아이들과
휴가를 떠나거나 하면 리듬이 깨지지 않을까요?

강 대표 아니요. 그렇지 않습니다. 오히려 책 읽을 시간을 더 낼 수
있지 않을까요? 언제 어디서나 읽을 수 있게 책을 갖고 다
니면 되죠. 외부환경에서 책을 보면 집중력이 더 높아져요.
5분, 10분을 봐도 제법 많이 읽을 수 있어요.

홍 팀장 그렇긴 해요. 출퇴근 시간에 지하철에서 더 집중이 잘되기
도 했어요.

강 대표 외부환경은 독서를 방해하는 요인이 아니라 오히려 집중력

을 높이는 곳일 수 있습니다. 일단 책을 펼치면 읽지 못할 장소는 없어요. 중요한 것은 목적을 잊지 않는 것이에요. 홍 팀장님은 지금 독서를 왜 하려고 하는지를 잊지 마세요.

홍 팀장 네. 팀장으로 성과를 내고 더 성장하기 위해서 저는 독서를 할 겁니다.

강 대표 바로 그거에요. 목표가 분명하면 생각이 심플해져요. 상황이나 조건 등은 아무 문제가 되지 않죠. 운전을 할 때는 오디오북을 들으세요. 귀로 읽는 것도 한 방법이니까요.

책을 꼭 눈으로 읽어야만 하는 법은 없잖아요? 오감을 이용해 읽으면 더 좋죠. 미국 캘리포니아 대학 교수이자 뇌인지 연구소 소장인 V.S. 라마찬드란Ramachandran이 쓴 책, 『명령하는 뇌, 착각하는 뇌』를 보면 공감각이야말로 인간을 창조적 존재로 만드는 원천이라고 했습니다.

공감각共感覺은 인간의 5가지 감각 중에서 2가지 이상을 동시에 감지하는 것을 말한다. 인접해 있는 뇌의 독립적인 영역이 교차되어 활성화되기 때문에 생기는데 2000명 중에 한 명은 5가지 감각 중 일부가 서로 뒤섞인 채 동시에 나타난다고 한다. 말하자면 공감각은 색깔을 듣고, 소리를 시각적으로 표현하는 특별한 능력이었다.

예를 들어 글자나 숫자를 보면서 특정한 색깔을 느끼는 것이다. 청각이 손상되면 촉각도 둔해지거나, 통증을 느끼는데 둔하면 냄새도 잘 못 맡게 되는 현상도 같은 이유입니다.

― 책을 펼칠 수만 있다면 어디든 독서 장소

강 대표 우리가 잘 모르는 일이 세상엔 많습니다. 그러니 '어떻게 이
런 일이 일어날 수 있어'라고 생각되는 모든 것은 선입견에
불과하죠. 책은 책상에서만 읽어야 한다거나, 눈으로만 읽어
야 한다는 것도 선입견이에요. 한 가지 생각에 고착되면 시
야가 좁아져서 새로운 길을 찾기 힘들죠. 그래서 넓고 크게
바라보는 조망 능력이 필요해요.

홍 팀장 조망 능력이요?

강 대표 입체적으로 볼 줄 아는 능력이죠. 사고력과도 깊은 연관이
있고요. 예를 들면 이런 실험이 있어요. 어린 아이들에게 비
대칭적인 산의 그림을 보여주면 자신이 바라보는 곳에서 보
이는 산의 모습이 전부라고 생각하죠. 산의 뒷모습이나 옆
모습은 다를 수 있다는 것을 이해하지 못해요.

두 어른들에게도 비슷한 경우가 나타날 때가 있는데 자기중심
성에 빠져 있을 때죠. 그러면 자기 생각만 옳다고 느낄 수밖
에 없어요. 타인에 대한 공감 능력이 떨어지게 되죠.

홍 팀장 공감 능력이라……. 제 아랫직원인 서 대리가 생각나네요.

74

요즘 그 친구와의 크고 작은 불화들이 많았거든요. 그런데 서 대리를 이해하지 못하는 것은 저도 마찬가지였다는 생각이 듭니다. 서 대리도 저도 어쩌면 각자가 바라보는 것이 산의 전부라고 믿기에 소통이 어려웠던 것 같아요. 이렇게 생각하니 조금은 서 대리를 이해할 수 있겠네요.

강 대표 네. 맞습니다. 원래 이야기로 다시 돌아가면, 책을 볼 수 없는 장소란 없다는 것이죠. 독서에 적합한 장소가 따로 있는 것이 아니라 책이 있는 곳이면 어디든, 거기가 최고의 독서 장소예요.

홍 팀장은 고개를 끄덕였다. 그리고 새삼 강 대표를 경이로운 눈으로 바라보았다. 그는 어떤 분야도 막힘없이 예를 들면서 설명을 해주었다. 한 가지 화제가 나오면 그것으로 끝나지 않고 가지를 뻗어 더 큰 주제로 확장시켰다.

홍 팀장은 강 대표의 넓고 깊은 지식이 부러웠다. 그러나 강 대표도 하루아침에 이룬 것은 아닐 것이다. 부단히 책을 읽고 생각을 하고 지식을 연결하면서 보내온 시간이 층층이 쌓여 이뤄진 결과일 테니 말이다.

09

독서는 가성비 높은
개인 R&D 투자

― 몸값을 올리는 가장 즐거운 방법

강 대표 지금까지 이야기한 1일 1시간 독서. 어떨 것 같아요?

홍 팀장 음…… 어렵지 않을 것 같아요, 생각보다는요.

강 대표 '생각'보단 말이죠?

홍 팀장 네. 대표님이 왜 생각에 방점을 찍는지 저도 알 것 같아요. 무슨 일이든 어떻게 생각하느냐에 따라 상황이 달라지는 것이니까요.

독서도 마찬가지일 것 같아요. 할 수 있다고 긍정적으로 생각하며 즐기면 꾸준히 할 수 있는 일일 것이고, 독서 따위 필요 없다고 여기면 1만 권의 책을 갖고 있다 한들 무용지물이겠지요.

강 대표 홍 팀장님은 독서 초심자가 아니라고 생각해요. 다만 독서 습관이 생기지 않았던 것뿐이죠. 실은 그게 더 어려운 문제일 수도 있죠. 그러니 앞으로도 쉽게 갈 생각은 없습니다.

홍 팀장 아, 이거 은근히 긴장이 되는데요? 그래도 단순히 치기 어린 마음으로 독서 멘토링을 부탁한 것은 아니니 저도 마음 단단히 먹겠습니다.

강 대표 그럼, 본론에 들어가죠. 자신에게 현재 얼마나 투자하고 있나요?

홍 팀장 투자라면…… 자기계발을 위해 쓰는 돈을 말씀하시는 건가요?

강 대표 네. 수업이나 강연, 또는 도서 구입에 쓰는 돈이 한 달에 얼마인가요?

홍 팀장 정해놓은 금액은 없어요. 아이가 생긴 이후로는 돈을 넉넉하게 쓸 수 있는 상황도 아니거든요.

강 대표 금액은 상관없어요. 크든 작든 자신을 위한 R&DResearch and development 즉, 연구개발비를 별도로 사용하는 게 중요하죠.

재테크의 1순위가 뭔지 아시나요? 버는 능력을 키우는 일이에요. 그러기 위해선 자신의 몸값을 올려야 하죠. 당연히 '나'라는 제품 자체가 주목받을 수 있도록 전문성을 갖춰야 하고요.

그러니 수입의 3~10%는 자신을 위한 효율적 재테크라고 생각하고 꼭 투자하세요. 그래야 홍 팀장님만의 경쟁력이 생기고, 오래 일할 수 있는 베이스캠프를 구축할 수 있어요.

홍 팀장 베이스캠프요?

강 대표 제대로 된 질문과 그 질문에 대한 해답을 찾을 수 있는 사고력이 베이스캠프입니다. 사고력을 키우는 데 독서만큼 가성비가 뛰어난 투자는 없고요.

홍 팀장은 수입의 3%를 자신을 위한 R&D 투자금액으로 쓰기로 결정했다. 그리고 앞으로 6개월 안에 5%, 1년 안에 10%까지 늘릴 수 있는 계획을 세웠다. 자신을 위한 투자금액을 산정해놓고 보니 금방 눈에 띄는 이익이 보였다. 불필요한 물건을 한두 개씩 사던 습관도 끊어야 하고 불필요하게 외식으로 낭비를 하던 돈도 대폭 줄일 수밖에 없는 것이다. 이것이야말로 일거양득이었다.

'한 권의 좋은 책은 하나의 대학에 필적한다'는 말이 있다. 업무에 도움이 되는 책을 골라서 읽는 것은 훌륭한 교수님의 강의를 듣는 것과 같았다. 전문가가 평생 연구한 결과를 공짜로 얻을 수는 없다. 눈으로 귀로 손으로 온몸으로 흡수해야 한다. 그리고 무엇을 실행할지 결정하고, 반드시 행동으로 옮겨야만 비로소 자신의 것이 된다. 그러려면 일단 기록을 관리하는 일부터 시작하라고 강 대표는 강조했다.

남들과 다른 성과는 작은 차이에서 비롯된다. 그 작은 차이가 나중엔 커다란 차별화가 되어 대체 불가능한 사람으로 성장하게 되는 것이다.

　강 대표는 자기경영과 관련된 책 50권의 리스트가 적힌 종이를 한 장 주었다. 1년 동안 읽을 책의 도서목록이었다. 홍 팀장은 목록을 갖고 있는 것만으로도 뿌듯했다. 1등 당첨이 확실한 복권을 갖고 있는 기분이었다. 꼭꼭 접은 후 지갑에 넣어두었다. 도서목록이 적힌 종이 한 장이 자신을 큰 부자로 만들어주는 것 같았다.

　'하긴 부자는 부자지, 1권에 30억 원이잖아. 50권이니까 무려 얼마야?'

　홍 팀장은 마음도 몸도 든든했다. 다음번 만남이 벌써부터 기대되었다.

　'다음 독서 멘토링 때는 기록관리에 대해 말해주신다고 했지.'

　홍 팀장은 내일 출근하면 당장 다이어리부터 꺼내 써야겠다고 마음먹었다. 강 대표를 처음 만나러 왔을 때와는 정반대의 마음이 되어 힘차게 길을 걸었다.

실행력을 높이는
독서 솔루션 4

독서는 단순한 읽기 활동이 아니다

독서를 위한 3단계 프로세스

읽고 나도 돌아서면 까먹는 이유, 세 번의 징검다리를 건너지 않았기 때문입니다. 100미터 달리기를 떠올려봅시다. '준비자세 → 달리기 → 몸 풀기'의 과정을 거칩니다. 책 읽기도 마찬가지입니다. '사전 독서 → 독서 → 사후 독서'의 3단계 과정을 거치면 독서 근육이 몸에 단련됩니다. 이 3단계가 몸에 배면 자연스럽게 책을 파악하고 평가하고 실천할 수 있게 됩니다.

책 읽을 시간도 없는데 사전 독서와 사후 독서가 웬 말이냐고요? 어렵지 않습니다. 딱 3분씩, 6분이면 됩니다. 특히 사전 독서는 책을 읽기 전 3분 동안 살펴보면서 핵심만 파악할 책인지, 빠른 시간 안에 읽을 책인지, 꼼꼼히 읽을 책인지 파악할 수 있기 때문에 중요한 준비단계라고 할 수 있습니다.

사전 독서	독서	사후 독서
• 연관성 체크 • 3분 빠르게 훑기 • 사전 체크하기 • 핵심 키워드 뽑기	• 3색 볼펜 활용하기 • 노란펜 밑줄 긋기 • 적용할 것 체크하기	• 평가하기 • 핵심 키워드 뽑기 • 적용하고 평가하기

책을 읽기 전 책과 나의 연관성 3분 체크법

시간은 한정되어 있고 읽어야 할 책은 많습니다. 수많은 책 중에 어떤 책을 읽어야 할까요? 책을 골랐다면 그 책을 어떤 방식으로 읽으면 좋을까요?

자기계발, 경제경영, 인문…… 분야가 다른 만큼 읽어야 하는 방식도 다릅니다. 지하철에서 읽기 좋은 책이 있는 반면에 마음을 다잡고 책상에 앉아 읽어야 하는 책도 있습니다. 30분 안에 빠르게 발췌독만 해도 되는 책이 있는 반면에 몇 시간씩 몰입해서 읽어야 하는 책도 있습니다.

본격적으로 책을 읽기 전 빠르게 3분 동안 훑어보고 어떤 책인지 파악하는 준비 단계를 거치는 것만으로도 책을 100% 흡수할 열린 마음이 완료됩니다.

사전 핵심 키워드 3개 뽑아보기

책을 3분 안에 빠르게 훑어보면서 핵심 키워드 3개를 뽑아봅니다. 바쁜 시간을 내어 이 책을 읽는 이유를 새길 수 있고, 이 책에서 어떤 점을 기대하고 있는지 생각해봅니다.

책을 다 읽은 후에도 핵심 키워드 3개를 뽑습니다. 책을 읽기 전 뽑아본 핵심 키워드와 책을 다 읽은 후 뽑은 핵심 키워드는 같을 때도 있고 다를 때도 있습니다. 책을 읽기 전 가지고 있던 생각이 어떻게 바뀌었는지 살펴봅니다.

(예) 『트리거』를 3분 동안 보고 뽑아본 홍 팀장의 핵심 키워드 3개

책을 보는 나만의 관점 기르기

같은 책을 보더라도 저마다 느끼는 것이 다르고 얻는 것이 다릅니다. 하지만 일정한 관점을 가지고 보면 더 넓게 보고 더 많이 얻을 수 있습니다. 관점을 가지고 책을 보는 것이 좋은 이유는 나 자신과

업무 등에 쉽게 적용하기 위해서입니다.

1. 새로운 지식과 콘셉트는 어떤가?

2. 이 책만의 탁월한 아이디어(남과 다르게 생각한 것)는 어떤 것인가?

3. 저자의 가치관과 나의 가치관은 어떻게 다른가?

4. 책에 실린 성공사례의 원인은 무엇인가?

5. 현재 하고 있는 일에서 개선이 필요한 부분은 무엇인가?

6. 성공한 사람들의 생의 분기점은 무엇인가?

7. 책에 나타난 사람들의 생활태도와 사고방식은 어떠했나?

2부

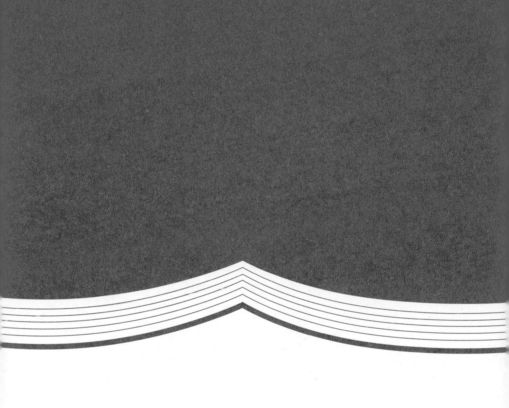

나만의 인사이트를 만드는
기록관리 독서법

01

한 줄 메모로
기억 공간을 넓혀라

── 기록하면 머리가 맑아진다

토요일 오후. 홍 팀장은 약속장소인 카페에 30분 전에 미리 도착해서 창가에 자리를 잡고 앉았다. 두 번째 독서 멘토링 시간이었다. 어제 있었던 부하직원과의 실랑이 때문에 마음이 복잡했지만 그 문제는 일단 마음 한쪽에 미뤄두고 지난 시간에 강 대표가 했던 말을 되짚어보며 생각에 빠졌다.

'나를 기록하라고…… 꾸준한 기록이 길을 보여준다……'

정확히 약속 시간 5분 전에 강 대표가 왔다. 강 대표는 홍 팀장을 보자 반갑게 '굿모닝' 인사를 건넸다. 오후 4시였다. 굿모닝이라는 인사를 할 시각은 아니었다. 이상하다는 생각이 들었지만 그보다 더 궁금한 게 있었다. 홍 팀장은 강 대표가 자리에 앉자마자 질문부터 했다.

홍 팀장 독서를 하면서 동시에 기록을 하면 그 꾸준한 기록이 나를
알게 한다고 하셨죠. 그런데 무엇을 어디서부터 기록해야
할지 모르겠어요. 그리고 기록을 하면 어떤 효과를 얻을 수
있나요?

강 대표 앉자마자 핵심을 공략해오는 질문이라. 좋은 징조인데요?

홍 팀장 아, 죄송합니다. 평소엔 안 그러다가도 궁금한 게 생기면 급
한 성격이 되네요.

강 대표 좋아요. 굿입니다. 홍 팀장님의 호기심이 사라지기 전에 답
변해드리죠. 기록을 잘하는 것은 기술이자 노하우이고 지
적 재산입니다. 기록을 하느냐 안 하느냐는 아주 작은 차이로
보일 수도 있지만 어떻게 하느냐에 따라 나중에 몸 가치가
달라지죠. 질문을 하나 던져볼게요. 홍 팀장님도 메모를 하
시죠?

홍 팀장 네. 회의 때 중요한 사항은 메모를 해두죠. 할 일 목록도 적
어두는 편이고요.

메모의 달인이라고까지 말하진 못해도 메모는 자주 하는 편이었
다. 생각나는 아이디어가 있으면 스마트폰을 이용해 적어두기도 했
다. 그렇기에 오늘 강 대표가 어떤 말을 할지 기대가 되었다. 그러면

서 동시에 걱정도 되었다.

'첫 번째 멘토링에서 신선한 충격을 받긴 했지만 독서와 기록이
라는 주제로 말할 게 뭐가 있지? 남들 다 아는 뻔한 이야기를 늘어
놓는다면……'

그러나 홍 팀장은 속내를 드러내지 않고 강 대표를 바라보았다.

강 대표 그럼 홍 팀장님은 잊지 않기 위해 기록을 하세요? 잊기 위해
기록을 하세요?

홍 팀장 네? 그거야 당연히 잊지 않기 위해서죠. 꼭 기억해야 하는
일들을 써두니까요.

강 대표 기록을 해두면 어떤 마음이 드세요?

홍 팀장 어딘가 써놨으니 됐다, 안심이 되죠. 머릿속에 계속 갖고 있
지 않아도 되니까. 아……! 잊지 않기 위해 기록한다고 생각
했는데 그게 아니군요! 기록을 해두면 생각을 계속하지 않
아도 된다는 이점이 있네요! 종이에 적어두는 것만으로 홀
가분한 마음이 들어서 기억해야 한다는 강박에서 자유로워
질 수 있는 거였어요. 잊지 않기 위해서 기록한다고만 생각
했는데…….

강 대표 대부분 잊지 않기 위해 기록해두지만 일단 써두면 잊게 되
지요. 기억하려고 애쓰지 않아도 되니까 마음도 홀가분하고
요. 내 머리 대신 메모가 기억을 해주니 저장창고가 확장되

잊기 위해 기록하라. 머리가 맑아진다

머리에 적지 말고 종이에 적자.
기억 공간이 넓어져 창의적으로 사용할 수 있는 용량이 늘어난다

고, 머리를 비우게 되는 만큼 창의적으로 사용할 수 있는 용량이 늘어나지요. 결국 우리는 잊기 위해 기록을 하는 셈입니다.

기록에 대한 재미있는 일화를 하나 들려드릴까요?

강 대표가 들려준 것은 아인슈타인에 대한 이야기였다. 아인슈타인과 인터뷰하던 기자가 집 전화번호를 묻자 수첩을 꺼내어 자신의 집 전화번호를 찾아 알려주었다는 것이다. 이상하게 생각한 기자가 집 전화번호도 모르냐고 묻자 아인슈타인은 이렇게 대답했다고 한다.

"집 전화번호 같은 것은 기억하지 않습니다. 기록해두면 쉽게 찾을 수 있는 것을 뭐 하러 머릿속에 기억을 해야 합니까?"

아인슈타인의 일화를 듣고 나니 자신의 집 전화번호를 기억하는 공간조차 비워두고 창의적인 연구를 했기에 위대한 과학자로 역사에 기록된 것이 아닐까 하는 생각마저 들었다. 홍 팀장은 자신이 아인슈타인처럼 역사에 기록될 위인이 되고 싶은 생각은 없었지만 철저하게 기록을 해두는 것도 아니고, 특별히 기억을 잘 하는 것도 아니었다.

'이래서야 원…….'

홍 팀장은 다시 자세를 바로 잡았다. 별것 아닌 이야기를 하지 않을까 하는 우려는 이미 말끔하게 사라진 후였다.

'오늘 대표님이 하는 이야기를 잘 듣고 기억하고 기록해두자.'

홍 팀장은 자세를 바르게 하고 강 대표의 말에 더 열심히 귀를 기울였다. 홍 팀장의 달라진 태도를 느낀 강 대표도 이야기를 계속 이어갔다.

02

종이 위의 기적,
쓰면 이루어진다

─ 자신을 경영하는 법

강 대표 기록을 해야 하는 첫 번째 이유는 잊기 위해서라는 것을 방
금 전에 말씀드렸고, 이제 두 번째 이유를 말하지요. 기록관
리를 하는 두 번째 이유는 그것이 겸손의 표시이기 때문입
니다.

겸손한 사람은 기록을 잘 합니다. 부하직원 중에 내가 어떤
말을 하면 네네, 고개만 끄덕이며 대답하는 사람과, 늘 손에
수첩을 들고 있다가 중요한 말을 받아 적는 사람을 보면 누
구에게 더 마음이 가세요?

홍 팀장 그야 받아 적는 사람이죠. 이 사람이 내 말을 진지하게 듣
는구나 싶어서 하나라도 더 알려주고 싶은 마음이 들거든

요. 반면 알았다고 말만 하는 사람은 정말 알아들은 건지 어
쩐지 확인하고 싶을 때도 있어요. 나중에 일을 해온 걸 보면
제대로 핵심을 짚지 못한 경우가 많았거든요.

홍 팀장은 자동적으로 서 대리가 떠올랐다. 그러면서 동시에 자
신의 태도도 돌아보았다. 서 대리도 그렇지만 자신 역시 서 대리의
말을 받아 적었던 일은 한 번도 없었다. 부하직원이 한 말을 상사가
적어둔다니, 예전에는 생각지도 않던 일이었다.

홍 팀장은 어쩌면 서 대리만 탓할 게 아닌지도 모른다는 생각이
들었다. 누가 누구의 말을 받아 적느냐 하는 것보다 훨씬 더 중요한
것은 팀의 성과였다. 목표달성을 위해 팀원들과 함께 같은 방향을
보면서 으쌰으쌰 기운을 북돋아주는 것 또한 팀장의 역할이었다.

'나는 과연 그런 책임을 다하고 있었나?'

변화가 시작될 때 사람은 자신에게 던지는 질문이 많아진다. 강
대표는 그것을 경험으로 알고 있었다. 홍 팀장의 말수가 줄어들자
강 대표도 가만히 침묵을 지켜주었다. 하지만 생각의 갈피를 잡아
줄 필요도 있었다. 그게 현재 홍 팀장과 만나고 있는 이유였기 때문
이다. 강 대표는 산뜻하게 고개를 한 번 끄덕이고는 홍 팀장을 지금
이 순간으로 데리고 오기 위해 하던 말을 이었다.

강 대표 우리가 만나는 이유는 결국 독서를 통해 자신을 경영하는

법을 배우기 위해서입니다. 책을 읽는 것은 물론 중요하지요. 지금 제가 하는 이야기도 독서를 기반으로 한다는 것을 잊지 마시고요.

지난 시간에도 말씀드렸다시피 독서를 하는 이유는 현실에 적용하기 위해서입니다. 기록은 독서와 적용 사이에 다리를 놓아주지요.

― 일단 한 줄을 써라, 구체적이고 긍정적으로

기록에 대한 이야기에 점점 흥미가 돋았다. 홍 팀장은 갈피를 잃고 헤매던 생각을 잡아 다시 현재에 집중했다.

강 대표 기록을 해야 하는 세 번째 이유는, 종이 위에 기적이 있기 때문입니다. 쓰면 이루어집니다.

종이 위에 소원을 쓰고 이룬 사례는 너무 많아서 일일이 열거할 수조차 없을 정도예요. 헨리에트 앤 클라우저Henriette Anne Klauser가 쓴 책『종이 위의 기적, 쓰면 이루어진다』에서도 다양한 사례가 소개되고 있지요. 가장 대표적인 사례는 배우 짐 캐리Jim Carrey예요.

홍 팀장 짐 캐리의 코믹한 표정이 떠오르네요. 영화 「마스크」나 「덤 앤 더머」는 저도 실컷 웃으면서 재미있게 보았던 영화예요.

강 대표 짐 캐리는 캐나다 출신의 3류 배우였죠. 중고 자동차를 끌고 무작정 할리우드로 와서 성공을 위해 온갖 노력을 했지만 세상일이 그렇게 쉬울 리가 있나요. 매일 비참한 생활의 연속이었답니다. 숙박할 돈이 없어서 차에서 쭈그린 채 자고, 싸구려 음식으로 끼니를 때우고, 세면은 공중화장실에서 해결을 했어요. 그러다가 그는 어느 날 이대로 살 수는 없다며 결심을 합니다. 그리곤 할리우드 언덕 위로 올라가죠. 종이 한 장에 자기 앞으로 1000만 달러짜리 출연료를 지급하는 가짜 수표를 씁니다. 지급 연한은 5년 후 추수감사절이었어요. 짐 캐리는 그 수표를 낡은 지갑에 넣고 다니며 힘들고 주저앉고 싶을 때마다 꺼내어 들여다보았습니다. 그럴 때마다 용기가 다시 샘솟곤 했지요. 그리고 5년 후 그에게 어떤 일이 생겼을까요?

홍 팀장 정말 1000만 달러가 들어왔나요?

강 대표 그 이상이었어요. 「덤 앤 더머」와 「배트맨 포에버」 등의 영화로 1700만 달러의 출연료를 받게 되었으니까요. 이런 사례는 바닷가의 모래알처럼 많습니다. 저 또한 원하는 것을 기록해서 성공했던 경험은 수도 없이 많고요.

홍 팀장 기록은 곧 실행이라는 것, 이해하겠어요. 그런데 왜 쓰는 행위가 기적을 불러올까요?

강 대표 우리의 뇌는 자주 떠올리고 생각하는 것을 향해 집중하기 때문이죠. 뇌는 사실과 상상을 구분하지 않아요. 레몬을 떠올리는 것만으로도 금방 입에 침이 고이죠? 실제로 레몬을 먹은 것도 아닌데 말이에요. 그래서 종이 위에 적을 때는 긍정의 말로 쓰는 것이 포인트입니다.

홍 팀장 부정의 말도 이뤄진다는 말씀이시죠?

강 대표 그렇습니다. 일종의 자기암시 같은 것이죠. 예를 들어 나는 두려움을 느끼고 싶지 않다고 하면 두려움에 포인트를 맞추게 되어 여전히 두려움을 느껴요. 그럴 땐 용기 있는 사람이 되고 싶다고 쓰는 게 낫죠. 그리고 구체적으로 쓰는 게 좋고요.

홍 팀장 원하는 것을 명확하게 알고 있는 게 도움이 되겠네요.

강 대표 물론이죠. 돋보기로 햇빛을 모아 종이에 구멍을 뚫는 실험을 해본 적이 있나요? 초점을 맞추는 힘은 강력합니다. 그러니까 원하는 목표는 구체적이고 긍정적인 문장으로 만들어 종이에 적으세요. 종이 위에 쓰는 행위는 사방으로 뻗어 있는 생각의 초점을 맞추는 일이에요. 당장 실행해보세요. 엄청난 나비효과를 경험할 겁니다.

　작은 일이 예상치 못한 큰일을 불러올 수도 있었다. 홍 팀장도 업무에서 소소하게 넘긴 작은 일이 나중에 위기상황으로 발전한 경우를 경험한 적이 있었다. 입사 초년병 시절, 숫자 한두 개를 무심히 넘겼다가 발주 자체가 취소될 뻔했던 아찔한 순간은 잊을 수가 없다. 회사에 엄청난 손실을 끼치고 해고당했을 수도 있었다. 그때 일을 생각하면 지금도 등에서 식은땀이 났다. 마찬가지로, 작은 것이라도 종이 위에 쓰면 어떤 큰일로 다가올지 모를 일이었다.

'적는 데 돈 드는 것도 아니고……. 한번 해보자.'

홍 팀장은 '종이 위에 기적이 있다. 쓰면 이루어진다!'라고 쓴 후 밑줄을 긋고 별표까지 3개 해두었다.

03

기록은
생각의 갈피를 만든다

— 수천 개의 럭비공을 한데 모으는 방법

홍 팀장 결과적으로 기록은 굉장히 적극적인 행위네요.

강 대표 물론이죠. 눈으로 읽기만 할 때보다 행동을 하나 더 하는 셈이니까요. 이때 그냥 행동만 하게 되진 않아요. 책에 있는 문장을 그대로 옮겨 적든, 자신의 생각을 쓰든, 한 번 읽은 내용을 다시 한 번 되씹어보는 2차, 3차 사고과정이 일어나죠. 효과는 커요. 책의 내용을 더 깊이 이해하게 되고, 자신의 생각을 정리하게 되지요.

생각은 하나로 끝나는 법이 없습니다. 다음 생각, 그다음 생각을 불러오니까요.

기록을 해야 하는 3가지 이유를 듣고 나자 홍 팀장은 책의 한 구절이든 남의 말이든 '받아쓰는' 행위에 대해 새롭게 인식하게 되었다. 좋은 생각이든 나쁜 생각이든 생각은 단독으로 오는 법이 없었다. 늘 무리지어 다녔다.

'그러고 보면 생각이란 놈은 덩어리로 넝쿨째 굴러다니는 것인가?'

여기까지 생각하다가 홍 팀장은 퍼뜩 정신을 차렸다. 역시 강 대표 말이 맞았다. 강 대표의 말을 듣고 자신의 평소 모습을 떠올렸을 뿐인데 어느새 덩어리, 넝쿨이라는 생각까지 하고 있으니 말이다. 고개를 한 번 흔들고 다시 대화에 집중했다.

홍 팀장 맞는 말씀이에요. 저도 평소에 한 번 생각에 빠지면 내가 생각을 하고 있는지조차 알아차리지 못할 때가 있거든요. 가끔은 처음 했던 생각과 전혀 다른 생각을 하고 있을 때도 있고요.

강 대표 그렇죠. 생각이란 놈은 럭비공과 같아서 어디로 튈지 모르거든요. 수천 개의 럭비공이 제각각 다른 방향으로 튀는 운동장을 생각해보세요. 어떤 공을 받아야 할지 종잡을 수가 없겠죠.

기록을 하면 정신없이 튀는 생각을 정리하게 돼요. 기록의 강점은 생각의 갈피를 만들어준다는 점이죠.

럭비공 같이 튀는 생각을 아이디어로 묶어라

기록하면서 책을 읽으면 생각의 갈피를 잡을 수 있다

'생각의 갈피를 만든다.'

홍 팀장은 잊기 전에 얼른 받아 적었다. 강 대표가 하는 말엔 문학적인 향취가 담겨 있곤 했다. 과학적이거나 딱딱한 설명이 필요할 때도 은유와 상징을 적절히 썼기에 아하, 무릎을 칠 때가 있었다. 그래서 설명이 어렵게 느껴지기보다 흥미롭고 친근했다. 이런 점은 홍 팀장 자신도 배우고 싶은 부분이었다.

문득 서 대리가 떠올랐다. 최근 미팅에 서 대리와 함께 갈 때가 많았다. 미팅이 끝나면 서 대리는 항상 자신이 이해하지 못한 것을 물어보았다. 업무상 궁금한 것은 물론 거래처 상대가 한 말 중에서 어딘지 뉘앙스가 이상하다 싶었던 것도 체크를 해두곤 했다. 그땐 뭘 그런 것까지 고민을 하냐며 퉁명스럽게 대꾸하고 말았지만 지금 생각해보니 정작 상황에 무뎠던 사람은 자신이었다.

서 대리와 자신은 닮은 점보다 다른 점이 많았다. 잘 안 맞아서 힘들다고 생각했지만 다르게 보면 자신이 부족한 점을 서 대리가 알게 모르게 채워주고 있는 경우도 있었다. 특히 감정을 읽어야 하거나 섬세하게 신경을 써야 할 부분에서 서 대리의 도움이 컸다.

'이제 와서 생각하니 미안하네. 좀 더 챙겨줄걸.'

서 대리가 자신에게 어떤 질문을 해도 강 대표처럼 쉽고 간결하게 설명해줄 수 있으면 좋으련만 아직은 그런 내공이 쌓이질 않아서 안타까웠다. 언젠가 기회가 되면 서 대리에게도 강 대표를 만나게 해주고 싶었다. 우선은 자신의 발등에 떨어진 불부터 끄는 게 급했지만 말이다.

홍 팀장은 자신이 적은 글을 한 번 더 바라보았다. 확실히 적어놓고 보니 정리가 되는 듯했다. 앞으로 중요한 사안이 있을 때 머릿속에서만 굴리기보다 글로 기록하면서 생각을 정리하기로 마음먹었다. 그러자 바로 또 한 가지 생각이 떠올랐다.

실행력을 높이는
독서 솔루션 5

책 속에서 본 것, 깨달은 것, 적용할 것

- -

눈으로 보고 손으로 읽으면 집중력 상승

보통 책은 눈으로 읽는다고 생각하지만, 손으로 읽는 독서도 있습니다. 손뿐 아니라 오감을 활용하여 적극적으로 책을 읽을수록 책의 내용은 더욱 오래 기억에 남게 됩니다. 또한 책을 한 번 읽고 마는 것이 아니라 독서와 함께 생각나는 것, 적용할 것을 기록하고, 나중에 찾아볼 수 있게 표시해두는 것이 책을 읽는 노하우입니다. 현장에서 적용할 수 있는 6가지 방법을 소개합니다.

1. 노란 색연필과 삼색 볼펜으로 줄긋기

맨 손으로 책을 읽는 분들이 많은데, 꼭 필기구를 준비하고 책을 읽습니다. 줄을 그을 때는 노란 색연필이나 삼색 볼펜을 추천합니다. 노란 색연필을 활용하면 부담 없이 책에 밑줄을 그을 수 있고, 눈으로만 읽는 것보다 색연필로 따라가며 읽으면 읽는 속도도 높아지게 됩니다. 삼색 볼펜을 활용할 경우 재독 시에는 색깔을 바꿔 줄을 굿습니다. 그러면 읽는 시기에 따라 관심과 적용할 부분이 변화되는 것을 알 수 있습니다.

2. 기억에 남는 내용, 보고 깨달은 내용, 적용할 내용 정리하기

책을 읽으며 중요하다고 생각하는 내용이나 새롭게 깨달은 것에 별표를 그려서 표시합니다. 책을 빠르게 훑어볼 때, 또는 특정한 내용을 찾을 때, 쉽게 찾을 수 있기 때문입니다. 중요도에 따라 별을 1개부터 3개까지 표시합니다.

구분	☆ 중요	☆☆ 매우 중요	☆☆☆ 핵심/컨셉
내용	영감을 주는 글 공감 되는 글	큰 깨달음을 주는 것(통찰) 아이디어를 확장할 것	핵심 개념 컨셉화된 내용 (구조화/개념화)
태도	재독	다시 공부 책 속 메모	자기 정리 가르칠 것

3. 체크박스 적용하기

읽고 깨달았다면 업무와 일상에 적용해야 하겠지요? 페이지의 상단과 하단 여백을 활용하여 업무와 일상에 적용할 사항들을 정리해 적습니다. 그 앞에 체크박스를 그립니다. 적용할 것을 꼭 실천할 수 있게 하기 위해서입니다. 실행한 후에는 ✕ 표시로 완료 표시를 합니다. 좋은 글귀나 문장들은 옮겨 적어도 좋습니다. 이것 또한 체크박스를 활용하여 기록한 후 ✕ 표시로 완료 표시를 합니다.

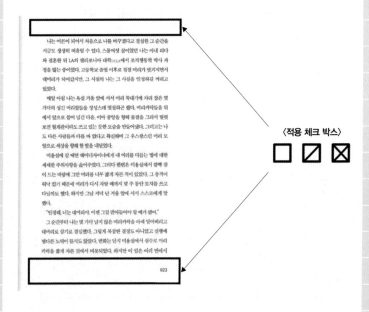

〈적용 체크 박스〉

☐ : 적용하고 싶은 내용을 적습니다.

☑ : 실천 진행 중이라면 사선으로 표시합니다.

☒ : 적용하거나 실천한 완료했다면 엑스 표시합니다

4. 책 메모

책의 위, 아래, 옆에는 빈 공간이 많습니다. 이 공간을 활용하여 깨 달은 점과 적용할 것을 기록합니다. 이것은 저자와의 대화 공간이 기도 합니다. 기록하며 사고하는 것을 훈련함으로써 통찰력을 키울 수 있습니다.

5. 귀 접기

중요한 내용이나 적용할 점이 있어서 나중에 반드시 다시 봐야 할 경우, 아래 그림처럼 귀 접기를 합니다. 바깥쪽 상단을 접는 것이 가장 편리합니다.

포스트잇을 붙여서 중요한 부분을 표시하는 분들도 많습니다만, 책 장에 오래도록 꽂아두거나 여러 차례 읽을 경우 떨어져버려 중요 한 메시지를 놓쳐버리는 수가 있습니다. 귀 접기를 하면 일부러 접 힌 부분을 펼치지 않는 한 잊힐 염려가 없습니다.

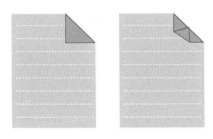

중요한 것은 안쪽으로 한 번 접고, 매우 중요한 것은 다시 한 번 밖으로 접습니다. 귀 접기가 많이 되어 있는 책은 책상에서 가장 손이 쉽게 가는 곳에 꽂아두는 '필수 도서'가 됩니다.

6. 책 뒷장 이용하기

책을 다 읽고 나면, 책의 맨 뒷장 빈 페이지를 활용하여 읽은 날짜, 재독 날짜, 소감 등을 기록합니다. 이 간단한 메모만으로도 오랜 시간 후 책을 다시 볼 때 처음 그 느낌을 찾을 수 있습니다.

04

나의 언어로
책에 기록하라

— 감정을 청소하는 글쓰기

강 대표 기록을 남길 때는 되도록 손으로 쓸 것을 권합니다.

홍 팀장 손 글씨로 또박또박 써본 적이 언제였는지 까마득한데요.
보고서, 결재, 기획안처럼 회사에서 작성하는 문서는 컴퓨터
로 했고, 간단한 메모 정도만 손으로 쓸 뿐이니까요.

강 대표 정리나 요약한다는 행위를 놓고 보면 아예 기록을 안 하는
것보다는 어쨌든 컴퓨터로라도 하는 게 좋아요. 그러나 가
능하다면 저는 손으로 직접 쓰라고 권하고 싶네요. 그렇게
하는 게 더 훨씬 효율적이거든요.

홍 팀장 손으로 쓰는 게 더 효율적이라고요? 시간도 걸리고, 중간
중간 멈추어야 하잖아요. 틀리면 애써 쓴 걸 지워야 하고.

머리 속에 떠오른 걸 바로바로 키보드로 쓰는 게 아무래도 편하죠. 컴퓨터로 작성하는 게 열 배는 더 효율적일 것 같은 데요?

강 대표 컴퓨터 화면으로 볼 때와 종이로 볼 때는 같은 정보라도 뇌의 작용이 다르다고 해요. 종이에 쓰어 있는 것을 볼 때 정보를 이해하려고 하는 뇌의 기능이 더 강하게 작동한다는 연구 결과도 있죠. 하지만 언뜻 생각하면 종이에 적는 게 효율성이 떨어질 것 같지요?

홍 팀장 그렇죠.

강 대표 홍 팀장님의 뇌는 디지털에 완벽하게 적응했나요?

홍 팀장 디지털 기기들을 그럭저럭 사용하고 있긴 하죠. 물론 요즘 20대들처럼 직관적으로 금방 알지는 못해요. 사용법을 배워야 하고 익숙해지는 데 시간이 걸려요. 스마트폰에 있는 기능도 100% 다 사용하지 못하고 있는 것이 사실이고요. 바탕화면에 깔린 앱들을 폴더로 만들어 따로 정리할 수 있다는 사실도 스마트폰을 산 지 1년이 넘어서야 알았거든요.

강 대표 40~50대는 디지털 시대에 살고 있어도 완벽한 디지털 세대라고 보긴 어렵죠. 그런 능력은 우리보다 10대가 더 뛰어나지요.

홍 팀장 맞아요. 제 아들도 어렸을 때 가르쳐주지도 않았는데 스마트폰을 혼자 갖고 놀면서 기능을 저보다 빨리 익히더라고요.

강 대표 손으로 글을 써보면 사고력을 정교화할 수 있어요. 더 창의적으로 생각할 수 있는 거죠. 자신이 가지고 있는 감정을 자신의 손으로 직접 써보면서 감정을 풍부하게 순화시키는 효과도 있지요.

컴퓨터로 글을 쓰면 한쪽 방향으로, 정해진 폰트로, 일정하게 글을 써야 하잖아요? 하지만 종이 위에 글을 쓰면 글 옆에 그림을 그리거나 뻗어가는 생각을 마인드맵 형식으로 표현해볼 수도 있죠.

홍 팀장 사실 원 페이지를 손으로 작성하고 싶지 않은 이유는 다른데 있어요. 사실 제가 악필이거든요. 급하게 쓰면 제가 쓴 글씨를 제 자신도 알아보지 못할 때도 있어요. 명절 때 거래처 사장님들께 감사편지를 정성스럽게 손 글씨로 써 보낼까 싶다가도 내용보다 글씨체를 보고 실망할까 봐 걱정스러워서 그만둘 정도니까요.

강 대표 악필로 태어나는 사람은 없어요. 대개 악필이 되는 경우는 손의 속도가 생각의 속도를 따라가지 못하기 때문이거든요. 천천히 써보세요. 캘리그래피 같은 예술을 하라는 것도 아니고, 나만 알아볼 정도로만 쓰면 돼요.

단어 혹은 간단한 문장을 쓰는 것만으로 충분합니다. 만약 손으로 쓰는 것 자체에 너무 스트레스를 받으면 컴퓨터 작업을 하더라도 꼭 출력해서 보세요. 화면상으로 보이지 않

던 오탈자가 눈에 띄는 것은 물론 표현이 애매한 부분도 발
견하게 될 거예요.

— 깨끗하게 읽지 마라, 기록하면 내 것이 된다

홍 팀장 뭐든 하다 보면 익숙해지겠지요. 손으로 쓰는 것도 꼭 실천
해보겠습니다. 책을 읽고 난 후 현장에 적용하는 것에도 도
움이 될 것 같아요. 그런데 기록하는 법을 좀 더 구체적으로
알고 싶어요.

강 대표 좋아요. 실전에서 당장 쓸 수 있는 노트 작성 방법을 알려드
리겠습니다.

홍 팀장 실전에서 당장 쓸 수 있다니, 반가운 말입니다!

강 대표 그 전에 '책을 어떻게 읽을 것인가' 하는 근본적인 것을 짚
고 가도록 하죠. 기초가 튼튼해서 나쁠 것은 없으니까요.

홍 팀장 기초를 튼튼하게 하는 건 저 역시 중요하다고 봅니다.

강 대표 뿌리 깊은 나무는 바람에 흔들리지 않고, 샘이 깊은 물은 가
뭄에도 그치지 않는 법이죠. 어떤 일이든 기초가 튼튼하면
튼튼할수록 응용력도 넓게 생기니까요.
독서의 기초는 이른바 '적극적인 책 읽기'입니다. 책은 깨끗
하게 읽어야 한다고 생각하는 사람이 많지요. 책에 낙서를

하면 지적이지 못하다고 여기는 면도 있고요. 가난했던 시절 자신만 보는 게 아니라 다음 세대에게 물려줘야 했던 이유도 있을 겁니다.

하지만 자유롭게 기록하면서 읽어야 사고와 감성이 더 풍부해집니다. 그러기 위해선 빌리는 것보다 사서 자기 책으로 읽는 게 좋죠. 책에 기록하며 읽는 행위는 사람을 더욱 적극적으로 만들고 사고력과 통찰력을 키워줍니다.

홍 팀장 그럼 무엇을 기록하면 좋을까요?

— 책의 여백은 당신의 공간이다

강 대표 첫 번째는 중요한 부분을 나의 언어로 요약해서 여백을 채우는 것입니다. 만약 누군가 내게 질문을 했는데 설명을 잘못하거나 가르쳐주지 못한다면 그것을 알고 있다고 할 수 있을까요?

홍 팀장 완전한 내 것은 아니겠죠.

강 대표 그것과 같은 이치에요. 내용을 요약해서 책에 적어두는 건 내가 이해한 내용을 스스로 설명하는 효과가 있어서 더 정확하게 알게 되지요.

홍 팀장 제 자신도 잘 이해가 되지 않은 부분을 부하직원에게 설명을 할 때면 구체적으로 사안을 짚기보다 원론적인 부분만 강조한 후 이 부분을 더 조사해오라는 식으로 대충 넘어가기도 했었어요. 부하직원들은 제게 다시 물으면 불호령이 떨어질 테니 제 앞에선 알아들은 척 돌아섰겠지만 뒤에선 화도 많이 났겠죠. 저도 그렇게 지시를 해놓고선 맘이 후련하진 않았고요.

대표님은 분명 독서 멘토링을 하시는 중인데 이야기를 듣다 보면 업무 현장에서 제가 했던 일이 생각나 뜨끔할 때가 많아요.

강 대표 그런가요? 다행입니다. 무슨 이야기든 그렇게 자신에게 적용해보는 습관은 매우 좋은 것이지요. 부하직원이 써온 보고서가 성에 차지 않는다면 지시 방법부터 돌아볼 필요가 있다고 생각합니다. 그래서 책을 통해 스스로에게 질문하고 답변을 내리는 훈련을 하는 게 더욱 중요하고요. 독서는 그런 훈련을 효율적으로 할 수 있도록 해주죠.

다시 기록에 관한 얘기로 돌아가보겠습니다. 첫 번째가 책 내용을 요약해서 나의 언어로 기록하는 것이라면 두 번째는 내용을 읽고 느낀 점을 기록하는 거예요. 느낀 점을 기록하면 비판력과 통찰력을 키울 수 있지요. 책을 읽다 보면 전적으로 100% 저자의 생각에 동의하기 어려울 때도 있잖아요? 어떤 상황에 처해 있느냐에 따라 생각은 다를 수 있으니까요. 지금 저도 홍 팀장님에게 도움이 되기 위해 이런 저런 말을 하고 있지만 제 생각과 홍 팀장님의 생각은 다를 수 있겠지요. 그럴 땐 기탄없이 질문해주세요.

홍 팀장 네, 알겠습니다.

강 대표 마지막으로 세 번째는 책의 주장이 내 가슴을 때린 경우에 기록해두는 것입니다.

책과 대화하기 위해선 책에 나의 생각을 많이 적으면 적을수록 좋아요. 내가 적은 것이 많을수록 나와 대화를 많이 한 책이기 때문이죠. 독서는 사람을 만나는 것과 닮았어요. 눈앞에 사람이 앉아 있는데 그 사람이 아무 말도 안 하고 뚱하니 있다면 또 보고 싶진 않겠죠.

홍 팀장 사람을 만나듯 책을 만나라, 이 말씀인가요?

강 대표 하하하. 그거 참 좋은 말이네요. 오늘은 제가 홍 팀장님 말을 적어둬야겠는데요.

강 대표는 기분 좋게 수첩에 홍 팀장의 말을 옮겨 적었다. 멘토이면서도 자신의 말을 기쁘게 적는 강 대표를 보니 그 겸손한 자세에 더욱 신뢰가 갔다. 적는 사람이 겸손하다는 말이 실감되는 순간이었다.

'말이 아니라 행동으로 보여주는 분이구나.'

강 대표의 솔직함이 홍 팀장의 마음을 여유 있게 만들었다. 생각이 다른 것을 인정하고, 그 다른 생각을 기꺼이 듣겠다는 태도는 쉽게 가질 수 있는 게 아니었다. 홍 팀장은 서 대리와 조만간 깊은 대화를 나눠봐야겠다고 생각했다.

홍 팀장은 정말 중요한 것이 무엇인지 새삼 깨달은 기분이 들었다. 찌르르 온몸에 전기가 흐르듯, 짜릿하면서도 통쾌했다.

05

실전에서 당장 쓸 수 있는
4단계 독서노트 작성법

─ 실전에서 응용하는 4단계 독서

강 대표 자, 기초를 튼튼히 다졌으니 본격적으로 실전에서 당장 쓸
수 있는 독서노트 작성법을 배워볼까요?

홍 팀장 네. 정말 기다렸습니다. 원론과 기초를 튼튼하게 했으니 실
전에서 응용할 수 있는 방법을 배워야 써먹죠.

강 대표 크게 4단계로 나눠지는데 첫 번째는 책의 정보를 적는 것입
니다. 날짜, 작성자, 책 제목, 출판사 등을 적고 책에 관련된
핵심 주제나 내용을 키워드로 뽑아보는 거죠.
예를 들어서 한번 설명해볼까요? 최근에 홍 팀장님이 읽은
책은 무엇인가요?

홍 팀장 『트리거』요. 지난 번 멘토링 때 말씀해주신 책이기도 하고

책을 내 것으로 만드는 4단계 실천법

책을 읽고 핵심 키워드
3개를 뽑는다

마음에 남는 내용을
책에 표시한다

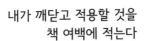

내가 깨닫고 적용할 것을
책 여백에 적는다

깨달은 것을 삶에 적용한다

업무에도 도움이 될 것 같아서 찾아 봤습니다. 그 책을 읽고 무슨 일이 있어도 대표님과 함께하는 북 멘토링을 끝까지 하자, 이렇게 생각했죠.

강 대표 하하하. 도움이 되셨다니 다행이네요. 좋아요. 그럼 그 책의 핵심 주제를 생각하며 키워드를 뽑아본다면 뭐가 될 수 있을까요?

홍 팀장 행동의 방아쇠, 재능보다 노력. 이렇게 키워드를 뽑을 수 있을 것 같습니다.

강 대표 네. 굳이 많이 찾아내진 않아도 됩니다. 단어 하나를 써도 핵심이 담겨 있으면 괜찮아요.

홍 팀장 키워드 다음에는 무엇을 적으면 될까요?

강 대표 본 것, 즉 읽은 것을 기록하는 거죠. 이때는 내 생각이 아니라 저자의 관점에서 본 것을 정리하는 게 중요해요. 페이지 번호를 함께 기록해두세요. 예를 들면 저자가 알리고자 하는 핵심 내용이나 인상 깊은 문장, 키워드를 담고 있는 문장 등을 적는 거죠. 세 번째는 내 입장에서 깨달은 것을 쓰는 겁니다.

홍 팀장 책을 읽고 난 후 나의 생각을 자유롭게 쓰면 되나요?

강 대표 그렇죠. 책의 내용을 자신의 감정으로 표현하고 지식을 재구성하는 과정이에요. 새롭게 알게 된 지식이라든가, 자신의 경험에 비추어서 깨달은 점들이 해당되지요.

홍 팀장 저자의 생각을 먼저 받아들이고 난 후 내 경험에 비추어 생각해보는 거군요.

강 대표 그런 과정을 되풀이하다 보면 상대의 생각에 무조건 동조하거나 내 생각만 일방적으로 밀어붙이기보다 의견을 나누면서 더 나은 합의에 도달할 수 있어요. 팀장으로 팀원들을 이끌어갈 때 상당히 도움이 되죠.

홍 팀장 제대로 훈련한다면 가능할 것 같아요. 부하직원의 의견을 비판 없이 수용하는 일은 좀 더 훈련이 필요하겠지만 첫술에 배부를 수는 없는 법이니까요. 일단 시행착오를 겪더라도 실행해보겠습니다.

그럼 이제 마지막으로 네 번째는 어떤 건가요?

강 대표 적용하는 것입니다. 누누이 강조하지만 삶에 적용하지 않으면 의미가 없으니까요. 적용을 해보면 애매모호하던 것도 구체화가 돼요. 관념적이거나 개론적인 것보다 구체적으로 실행할 수 있는 실천법을 적는 게 포인트입니다.

삶에서 개선할 내용과 해결방법도 좋고, 현장 업무와 연결해서 새로운 아이디어가 떠오르면 그것도 적용해보는 거죠. 이것을 꾸준히 하다 보면 한 권의 책을 정리하는 데 그치지 않고 콘셉트 독서를 하는 힘이 생기죠.

홍 팀장 콘셉트 독서요?

콘셉트라는 말은 업무 현장에서도 흔히 쓰는 말이었지만 강 대표에게 듣는 콘셉트 독서는 새로운 개념이었다. 독서노트 정리법에서 끝나지 않고 이야기는 더 큰 영역으로 확장해가는 기분이 들었다.

06

전략적 의사결정을 위한
콘셉트 독서

— 원칙과 기준이 되는 잣대, 콘셉트

강 대표 콘셉트 독서란 주제를 놓고 여러 가지 책을 한꺼번에 정리
하는 방식, 즉 콘셉트를 모으는 거죠. 예를 들어 우리가 자기
경영이라는 주제로 독서 멘토링을 하고 있는데, 이것과 관
련되는 책을 여러 권 모아서 정리를 하는 겁니다.

홍 팀장 음…… 그러니까 책 속의 지식을 개인과 조직에 즉시 적용
할 수 있도록 주제별로 모으고 엮어서 정리하는 건가요?

강 대표 그렇죠. 책 속에 담긴 내용을 지식이라고 할 때 이런 지식이
유효한 의미를 가지고 덩어리가 되면 패턴이 됩니다. 패턴
들이 특정한 주제로 모이면 콘셉트로 발전하는데, 콘셉트는
일정한 원칙과 기준을 만드는 거죠.

122   2부

콘셉트 독서를 하면 복잡한 업무 환경 속에서 심플한 의사 결정을 할 수 있는 힘을 기를 수 있습니다. 미래의 상황과 결과를 예측할 수 있는 안목도 길러지고요. 패턴의 학습과 습득을 통해 다양한 문제를 해결할 수 있습니다.

요약하자면, 책을 읽고 소화하는 단계는 읽기와 정리하기, 그리고 적용하기의 순으로 올라가요.

홍 팀장 거기서 한 단계 더 나아가 적용을 위한 콘셉트화 하는 데까지 발전시킬 수 있다면 더 바랄 것이 없겠군요.

강 대표 맞습니다. 어떤 일이든 원칙과 기준이 있다면 의사결정이 한결 수월해지죠. 그렇지 못할 경우 관련 담당자들은 수시로 만나야 하고, 책임자의 결정을 언제나 기다려야 하기 때문에 효율성이 떨어지죠.

콘셉트 독서는 여러 업무 환경에서 원칙과 기준이 되는 노하우를 체계화시키는 훈련입니다. 그럼으로써 업무 현장에서 즉시 사용할 수 있는 잣대를 갖는 것이죠. 시간을 알기 위해 시계를 보고, 무게를 알기 위해 저울을 사용하고, 방향을 알기 위해 나침반을 사용하는 것과 같은 이치라고나 할까요.

홍 팀장 책 1권당 1개의 콘셉트만 뽑아야 하나요?

강 대표 그럴 수도 있고, 여러 권의 책을 종합해서 1개의 콘셉트가 나올 수도 있지요. 콘셉트를 만들어 학습하면 여러 가지 장

점이 생겨요. 꼭 필요한 지식을 단기간에 효과적으로 전달할 수 있고, 즉각적 행동을 유발할 수 있지요.

홍 팀장 그거야말로 살아 있는 지식이네요.

강 대표 맞아요. 심리학에서 쓰는 '청킹Chunking'과 비슷합니다. 청킹은 정보를 서로 의미 있게 연결시키거나 묶는 인지 과정을 말합니다. 분리되어 있는 항목을 보다 큰 항목으로, 보다 의미 있는 항목으로 조합하는 것이죠. 중요한 요소를 뽑아낸 다음 의미 있는 체계로 묶는 과정이라고 보면 돼요. 지식의 인프라화가 가능하기 때문에 응용력도 높고 때론 거울 역할도 해주죠.

홍 팀장 거울 역할이라면…….

강 대표 콘셉트를 통해 비춰볼 수 있어요. 예를 들면 혁신이라는 콘셉트로 정리를 한다고 할 때 자신이 지금 하고 있는 일은 혁신에 합당한 일인가 그렇지 않은가를 되물어 성찰하게 되는 거죠. 저와 독서 멘토링을 시작하고 책을 읽고 기록을 하면서 홍 팀장님도 스스로에게 묻는 질문이 부쩍 늘지 않았어요?

홍 팀장 아. 대표님, 길가에 돗자리를 펴도 되겠습니다. 제 마음을 어떻게 그렇게 콕 짚어 말씀하세요.

강 대표 하하. 좋은 질문은 우리를 좀 더 나은 곳으로 인도해주지요.

홍 팀장 맞습니다. 서 대리와의 갈등도 질문을 통해서 제 자신을 비췄보니 다르게 보게 되더라고요. 더 나은 해결책을 고민하게 되기도 했고요.

강 대표 네. 좋은 과정입니다. 그러고 보니 벌써 두 시간이 훌쩍 지났군요. 오늘 독서 수업은 이 정도로 정리하고 다음 시간에 계속 이야기하지요.

홍 팀장 다음엔 어떤 것을 가르쳐주실 건가요? 제가 미리 준비할 게 있을까요?

강 대표 준비할 건, 단단한 마음이려나. 지금까지 제가 말한 것도 중요한 내용이었지만 다음에 제가 말할 내용은 인생의 터닝 포인트를 맞고자 하는 사람에게 필수적인 것이거든요. 꽤나 강한 이야기가 될 테니 각오를 단단히 하고 오시는 게 좋을 거예요.

강 대표는 이렇게만 말하고 말을 아꼈다. 쉴 새 없이 말을 했는데도 강 대표는 지친 기색이 전혀 보이지 않았다. 아쉬움을 뒤로 하고 두 사람은 다음 시간에 다시 만나기로 했다. 어떤 이야기를 하려는지 궁금했지만 다음 약속 날을 기다리는 수밖에 없었다.

메타인지 이론,
기록이 독서의 인지작용에 미치는 영향

메타인지란 인지적 처리과정(학습)에서 스스로를 통제하고 조정하는 것을 말합니다. 예를 들어 팀장인 당신은 성과를 올리기 위해 회의 전에 생각을 하게 됩니다. '앞에 앉아서 메모를 하자. 하지만 피곤해서 졸지도 모르니까 회의에 들어가기 전에 커피를 한잔 마시는 게 낫겠어'와 같은 생각을 한 적이 있나요?

그렇다면 메타인지를 사용한 것입니다. 자신에 대하여 어떠한 활동이나 생각(주의력)을 인지한 것이기 때문입니다. 회의에 들어가기 전에 커피를 마시는 것을 선택했다면 잠들어버릴 수 있는 가능성에 자신의 주의력을 조절했다는 뜻이지요.

이러한 능력이 뛰어난 팀장은 그렇지 않은 팀장보다 더 높은 성취 결과를 보입니다. 바꾸어 말하면 메타인지적인 특성을 많이 보이는 팀장은 그렇지 않은 팀장보다 더 많이 연구하고 결과에 대한 동기를 얻게 되며 높은 성취도를 보여줍니다.

독서를 할 때도 마찬가지입니다. 책을 더 잘 읽기 위해 밑줄을 긋고 메모를 하며 읽는 것은 그 자체만으로 효과적인 방법입니다. 책 읽기가 어느 정도 궤도에 올라서면, 어떻게 하면 더 잘 읽을 수 있을지 자신만의 독서법을 고민하고 만들어가야 합니다. 그런 과정에서 독서를 더욱 적극적으로 하게 되고 자신도 모르게 성장한 모습을 발견하게 될 테니까요.

3부

인생의 패러다임을 바꾸는

시간관리 독서법

01

열심히 일하는데
왜 맨날 시간이 부족할까?

─ 시간관리의 이유부터 찾아라

홍 팀장은 약속 장소에 15분 늦게 도착했다. 숨이 턱까지 차서 카페 문을 여니 강 대표는 이미 차를 주문해서 마시고 있었다. 홍 팀장의 음료까지 앞에 놓여 있는 것을 보니 민망하기 이를 데 없었다. 늦어서 죄송하다는 사과를 하고서도 한참을 쭈뼛댔다. 일부러 늦은 것도 아닌데 마침 오늘의 이야기 주제는 시간관리였다.

홍 팀장 주말에도 출근하거나 집에 일을 갖고 갈 때가 많은데도 시간이 부족해요. 왜 그런지 모르겠어요. 업무시간은 왜 항상 부족할까요?

강 대표 제가 묻고 싶은 말이군요. 홍 팀장님은 왜 항상 시간이 부족하다고 느낄까요?

홍 팀장 느낀다고요? 시간이 정말 부족하다니까요! 감정의 문제가 아니라 실제로 그렇습니다. 제가 특별히 게으르거나 일을 미루거나 능력이 심하게 부족해서 일을 잘 못해낸다고 생각하지는 않아요. 팀장으로 성장해가는 중이니 더 채워야 할 점은 당연히 있겠죠. 하지만 누구보다 열심히 일을 하는데도 시간이 늘 부족한 것은 왜 그런지 모르겠어요.

물론 생각하면 이유야 많겠죠. 시도 때도 없이 걸려오는 전화들, 갑자기 치고 들어오는 상사의 새로운 업무지시, 일정을 제때 못 맞추는 부하직원의 일 처리 속도…… 시간을 야금야금 갉아먹는 일들이 매일매일 파도처럼 밀려와요. 시간을 어떻게 관리하면 이런 와중에도 충분히 여유 있게 일을 처리하게 될까요?

강 대표 왜 시간을 관리하는 게 중요한지부터 생각해보면 답을 쉽게 찾을 수 있어요.

강 대표의 말하기 방식은 우선 원론적이고 근본적인 것을 짚어 큰 틀을 생각하게 한 후 그 안에서 실용적이고 디테일한 방법론을 찾아가게 했다. 그런 대화법에 익숙해지니 자신도 서 대리와 소통할 때 한결 수월해지는 것을 느꼈다. 상대로 하여금 이쪽이 생각하는 그림을 먼저 보게 하니 서로 다른 말을 하는 일이 줄어들었던 것이다. 중요한 것은 기록으로 남겨서 의사소통에 차질이 없게 하니 이번에는 업무 시간에 대한 문제가 도드라졌다.

'산 하나를 넘으면 또 산 하나라더니.'

상습적인 서 대리의 지각도 눈에 걸렸지만 자신도 문제였다. 늦게까지 야근을 하는데도 늘 일에 쫓겨서 피곤함이 극에 달했던 지난 한 주였다. 주말에 놀이공원에 놀러가자는 아이들과의 약속을 번번이 어기다 보니 '아빠는 거짓말쟁이 늑대'라는 별명까지 생겨버렸다. 시간을 잘 관리하는 것은 홍 팀장에게 더 이상 미룰 수 없는 과제였다.

'오늘 시간관리에 대한 독서 멘토링을 해주신다고 했으니 일단 대표님 말씀을 들어보자.'

따뜻한 커피를 몇 모금 마시자 카페인이 몸에 돌면서 생기가 솟았다. 홍 팀장은 수첩을 꺼내들고 강 대표가 던진 질문에 대해 생각을 했다.

'왜 시간관리가 중요한가?'

─ 매일 8만 6400원이 입금되는 통장

홍 팀장 시간관리를 잘 못하면 일단 제 생활이 엉망이 되는 것 같아요. 회사 일도 가족과의 시간도 제대로 낼 수가 없고요. 하는 일은 엄청나게 많은 데 비해 성과는 미미해서 사기도 떨어지죠.

강 대표 홍 팀장뿐만 아니라 보통 사람들이 느끼는 점도 바로 그겁니다. 바쁘기만 할 뿐 시간이 없다는 것이지요. 그런데 시간이 있다, 없다는 말을 하는데 그게 맞는 말일까요?

홍 팀장 있긴 있는데 늘 부족한 것 같아요. 특히 저한테는요.

강 대표 만약 매일 8만 6400원을 입금해주는 통장이 있다고 상상해볼까요? 그런데 이 통장은 그날그날 다 쓰지 않으면 잔고가 쌓이지 않고 제로가 돼요. 그럼 어떻게 하실 것 같아요?

홍 팀장 당연히 딱 맞춰서 다 쓰지요. 100원도 안 남길 거예요.

강 대표 그렇겠지요? 자장면을 먹을 때 탕수육도 하나 더 시킬 수 있고, 책을 사서 주변에 나눠줄 수도 있고. 버스나 지하철을 타는 대신 편하게 택시를 탈 수도 있겠지요. 생각만 해도 흐뭇하지요?

매일 아침 우리는 8만 6400초라는 시간을 받습니다. 매일 밤 우리가 제대로 쓰지 못한 시간은 하루라는 통장에서 그냥 사라져버리지요. 잔액은 없어요. 단 1초라도 더 많이 사용할 수도 없고요.

홍 팀장 아, 하루 24시간만 생각했는데 초 단위로 환산해 8만 6400이라는 숫자로 들으니 어마어마하게 크게 느껴지네요.

강 대표 부자든 가난하든, 능력이 있든 없든, 대리든 팀장이든 시간은 누구에게나 공평하게 주어지지요. 아침에 눈을 뜰 수만 있다면 남녀노소를 막론하고 말입니다.

100세 시대라고 하죠. 하루 24시간을 100세에 빗대본다면 홍 팀장님의 인생 시계는 지금 몇 시를 가리키고 있나요?

홍 팀장 그러면 50세가 오후 12시겠군요. 전 아직 오전이네요.

강 대표 그렇죠. 아침밥 먹고 한창 달려야 할 시기인 겁니다.

하지만 많은 시간이 남았다고 속단하기는 이르죠. 100세, 심지어 120세 수명을 말하는 시대라지만 남에게 폐 끼치지 않고, 신세 안 지고 건강하게 살 수 있는 기간은 생각보다 길지 않으니까요. 오전 시간을 어떻게 보내느냐에 따라서 오후 시간을 어떻게 보내는지가 판가름 날 겁니다.

힘이 비축된 소중한 오전 시간을 빈둥대며 허투루 보낸 사람은 오후에 발을 동동거리게 될 테고, 오전 시간을 짜임새 있게 보내며 목표를 이룬 사람은 오후에 여유롭게 지낼 수 있겠지요.

가슴이 덜컥 내려앉았다. 언제까지 이 회사에서 일할 수 있을지 자신할 수 없었다. 과연 5년 후, 10년 후에도 회사에서 내 자리를 지키고 있을 수 있을까? 4차 산업혁명으로 일의 미래를 걱정하는 사람들이 많은데 미래에 내 자리는 어디에 있을까?

시간이 있고 없고가 문제가 아니었다. 충분한 시간이 주어진다면 현재 자신이 하는 정도의 업무 퀄리티는 누구라도 낼 수 있을 것이다. 결국 정해진 시간 안에 높은 업무 성과를 내는 게 중요할 터였다. 부족한 시간에 훌륭한 업무 성과를 내는 것이야말로 능력이었다. 홍 팀장의 얼굴이 급속도로 어두워졌다. 시간이 없다는 말은 무능력하다는 말과 같은 말로 여겨졌기 때문이다.

수많은 자기계발서에서 공통으로 말하는 것도 시간관리였다. 그렇다면 어떻게 제한된 시간을 더 알뜰하게 쓸 수 있는 것일까?

아니, 그보다 이게 다 독서와 무슨 상관이란 말인가?

02

읽고 돌아서면
하나도 기억나지 않는 이유

─ 독서의 목적을 현실 적용에 두어라

홍 팀장 시간이 없다고 입에 달고 살았는데 '나 무능한 사람이요'라
고 광고하고 다닌 것 같네요. 이것 참······.

시간관리의 핵심은 무엇일까요? 아니, 그보다 독서로 시간
관리를 하는 게 가능한가요?

강 대표 물론입니다. 오늘 독서 수업의 목적은 두 가지입니다. 하나
는 시간관리에 대한 핵심을 다루면서 현재 업무 능력을 키
우는 방법을 찾는 것입니다.

홍 팀장 또 하나는요?

강 대표 시간의 가치를 극대화할 수 있는 구체적인 독서법이지요.
독서법이라고 통틀어 말했지만 단순히 책을 읽는 방법론을

말하려는 건 아니에요.

다시 한 번 강조하지만 현실에 적용해야 독서의 가치가 극대화됩니다. 물론 취미로 독서를 하는 분도 계시지만 우리의 목적은 '현실 적용'입니다. 홍 팀장님께서 애초에 왜 독서를 시작하게 되었는지, 그 점을 잊지 마세요.

시간관리는 그야말로 인생관리입니다. 자기경영 독서 멘토링의 핵심이기도 하지요. 그래서 저도 수백 권의 책을 읽고 연구를 했습니다. 그런데 마음에 딱 와 닿는 내용이 없더라고요. 그러다가 보물 같은 책을 발견했습니다.

홍 팀장 무슨 책인데요?

강 대표 피터 드러커의 책이었어요. 그 분만큼 시간관리의 핵심을 정확하게 짚은 분도 드물죠. 『피터 드러커의 자기경영노트』라는 책에서도 성과를 내기 위해 가장 중요한 것으로 시간관리의 중요성을 꼽았어요. 목표를 달성하기 위해 홍 팀장님은 무엇을 먼저 하시나요?

홍 팀장 제가 맡은 일부터 검토하지요.

강 대표가 말없이 빙그레 웃었다.

'뭐지? 내가 말을 잘못했나?'

홍 팀장은 곰곰이 자신이 일을 할 때의 과정을 되짚어보았다. 하지만 몇 번을 생각해도 제일 먼저 했던 일은 맡은 일이 무엇인지 점검해보는 것이었다. 그런데 강 대표 표정으로 봐서는 그게 정답은 아닌 듯했다. 홍 팀장은 자신이 말한 답이 정답이 아니라는 생각이 들 때 쓰곤 하던 비장의 카드를 꺼냈다. 바로 '눈치껏 말하는 것'이 었다.

'오늘 멘토링은 시간관리에 대한 것이니 그것과 관련이 있겠 지…….'

그러나 딱 부러지게 말할 단어를 찾지는 못했다. 다만 이렇게 말하는 게 고작이었다.

홍 팀장 시간과 관련된 것 같긴 한데요…….

— 하루 종일 중요한 업무를 했다고? 팩트 체크하라!

강 대표 피터 드러커는 자신의 시간을 알아라, 다시 말하면 자신의 시간을 기록하라고 했지요. 시간을 어디에 쓰고 있는지 기록해야 자신의 시간을 파악할 수 있다고 했어요. 우리는 많은 시간을 일을 하며 보낸다고 생각하지만 그건 사실과 다를 수 있어요. 일을 했다고 하는 '기억'과 일을 한 '시간' 사이에 커다란 간격이 있다는 것이죠.

홍 팀장 기억과 사실이 다르다고요?

강 대표　네. 홍 팀장님도 부부 싸움 하신 적 있으시죠?

홍 팀장　그럼요, 많죠.

강 대표　한 가지 사건을 놓고 서로 기억하는 게 다르지 않던가요?

홍 팀장　그런 적 정말 많죠. 아내와 소소한 일까지 끄집어내며 싸울 때는 입장이 달라서 오는 의견 차이도 있었지만 사실과 달라서 오해가 생겼기 때문이었던 적도 많아요.

강 대표　사실과 기억, 어떤 것을 신뢰해야 할까요?

홍 팀장　그야 당연히 사실이죠.

강 대표　우리 기억은 때론 믿을 게 못 돼요. 어릴 때 놀던 초등학교 운동장이 기억 속에선 굉장히 크다고 생각했는데 막상 찾아가보면 아주 작지요. 책을 읽을 때도 중요한 내용을 기록해두지 않으면 기억 속에 잠시 머물렀다가 이내 망각 속으로 사라집니다.

　　　　일을 할 때도 마찬가지예요. 하루 종일 '중요한 업무'를 했다고 생각하지만 정말 그럴까요?

홍 팀장　글쎄요……. 솔직히 확답할 순 없네요.

강 대표　시간관리는 시간을 기록하는 일부터 시작합니다. 다시 한번 강조하면, 지금 내가 쓰고 있는 시간을 알지 못하는 한 시간을 관리할 방법이 없다는 뜻이죠.

홍 팀장　지금 쓰고 있는 시간이라면 저도 잘 알고 있는 것 같은데……. 다시 한 번 말하지만 제가 게으르기 때문에 시간이 없다고 말하는 게 아니에요! 눈 뜨면 회사 가고, 회사에서 열심히 일하고, 밤늦게 집에 와서 잠이 들죠. 하루를 돌이켜 봐도 업무 외에 헛된 곳에 쓰는 시간은 없어요.

다른 취미활동에 눈을 돌리는 것도 아니고, 집과 회사를 오가는 단조로운 생활을 하고 있어요. 가끔 친구들을 만나기도 하지만 다들 가정이 생기고 나서는 1년에 몇 번 만나지도 않아요. 주말엔 시간이 나면 거의 아이들과 함께 지내죠. 손바닥에 있는 손금을 보듯 뻔한 시간이에요. 피터 드러커가 아니라 피터 드러커 할아버지가 와도 다른 말은 못할 거예요.

― 버려진 하루 70%의 시간을 활용하라

강 대표 피터 드러커는 유명 다국적 기업 회장들의 컨설팅을 많이 했습니다. 그런데 이들을 만나서 이야기를 하면 이구동성으로 하는 말이 너무 바쁘다는 것이었습니다. 예고 없이 찾아가면 단 5분도 시간을 낼 수 없을 정도였지요. 심지어 미국 대통령보다 바쁘다는 사람도 있었습니다. 그 사람의 스케줄은 1년 치가 이미 꽉 차 있었지요.

홍 팀장 그분에 비할 바는 아니겠지만 저도 하루가 48시간이면 좋

겠다고 생각해요. 숨 돌릴 틈 없이 정신없이 하루가 지나가
거든요.

강 대표 네. 저라도 그렇게 여겼을 거예요. 그런데 피터 드러커는 조금 너 호기심이 강한 사람이었나 봅니다. 그분들이 진짜 바쁜지 아닌지 전담 컨설턴트를 붙여서 일거수일투족을 다 기록했다고 하니까요. 커피 마시는 시간, 신문 보는 시간 등 모든 시간을 기록하고 통계를 냈지요. 결과가 어떻게 나왔을 것 같아요?

홍 팀장 그래도 다국적 기업의 회장들인데 설마 엉망으로 나왔을라고요.

강 대표 중요한 일에 쓴 시간은 불과 30%가 안 된다는 결과가 나왔답니다.

홍 팀장 30%요? 정말 의외의 수치네요!

강 대표 그들도 당연히 놀랐죠. 그럴 리가 없다며, 1년 중 한 번, 추수감사절에 집에 가서 밥 먹는 시간을 빼고는 전부 다 일만 하고 있는데 무슨 소리냐고 펄펄 뛰었다고 해요.

홍 팀장 그래서 어떻게 되었어요?

강 대표 검사를 다시 했죠. 그러나 결과가 달라지지 않았습니다. 그들의 시간을 분석한 결과, 본인이 가지 않아도 되는 모임과 하지 않아도 되는 일을 너무 하고 있었다고 해요. 심지어 그 일 중 대부분은 다른 사람들이 불편해 하는 일이었어요. 그

럼에도 본인은 죽도록 열심히 일을 하고 있다는 착각을 하고 있었다는 거죠.

홍 팀장   일을 하다 보면 숨 돌릴 틈은 있어야 하잖아요? 쉰다는 핑계로 조금씩 갉아먹은 시간이 있긴 하지만 그런 시간이 70%나 차지한다는 건 놀랍긴 하네요.

강 대표   자신이 시간을 어디에 어떻게 쓰고 있는지 한 달 동안 1주일 단위, 하루 단위로 기록해보세요. 자신의 기억을 믿지 말고 자신의 기록을 신뢰하세요. 그러면 어떻게 관리를 해야할지 답을 찾을 수 있을 겁니다. 기록의 중요성은 지난 시간에 말씀드렸으니 더 이상 말하지 않아도 잘 아시겠지요.

홍 팀장은 고개를 끄덕거렸다. 어쩌면 시간관리가 기록관리보다 더 중요한 일이었다. 그런데도 왜 오늘에서야 강 대표가 시간관리 이야기를 꺼냈는지도 이해할 수 있을 것 같았다. 기록관리를 하는 법을 배우지 않았다면 시간을 기록한다는 개념 자체를 이렇게 명확하게 빨리 받아들이지 못했을 터였다. 더불어 기록이 얼마나 중요한 것인지 시간관리를 배우면서 다시 한 번 느꼈다. 시간을 어떻게 쓰고 있는지 철저하게 기록해봐야겠다는 생각이 들었다.

03

- -

1분을 어떻게 쓰는지를 보면
24시간이 보인다

— 책 읽을 시간이 없어서 못 읽는다고?

강 대표 아침에 출근을 하면 제일 먼저 무엇을 하시나요?

홍 팀장 메일을 열어서 체크를 하고 인터넷 서핑으로 주요한 뉴스를
보는 편인 것 같습니다.

강 대표 그것은 업무와 관련이 있나요?

홍 팀장 사회 정세를 폭넓게 알아두는 것은 어쨌든 여러모로 도움이
되니까요.

강 대표 당장 그것을 안 하면 큰 문제가 생길 만큼 일이 커지나요?

홍 팀장 당장 문제가 생기지는 않지만 하루하루 쌓여서 지식이 되는
거죠. 회사생활하면서 사회가 어떻게 돌아가는지 모르는 건
도태되는 지름길이라구요!

강 대표 주로 어떤 뉴스를 보나요?

홍 팀장 그거야 당연히 시사뉴스를……. 아…… 사실…… 시사에서 시작한 뉴스는 연예인 신변잡기로 잠시 빠졌다가 정치인의 사생활을 폭로하는 가십으로 넘어가고는 하지요…….

강 대표 그렇다면 출근 직후 시간에 일을 했다고 자신 있게 말할 수 있나요?

홍 팀장 세상 일 혼자 다 하는 것처럼 말한 게 부끄럽네요…….

강 대표 바로 그런 시간을 찾아내세요. 손가락 사이로 빠져나가는 모래처럼, 인생에서 사라지는 시간이 제법 많을 겁니다. 정말 '책 읽을 시간이 없어서' 책을 못 읽는 걸까요?

만일 하루에 한 시간이 더 생긴다면 무엇을 하시겠어요?

이 질문에 대답하기 전에, 우선 현재 업무에서 가장 중요한 것은 무엇인가요?

홍 팀장 팀의 성과를 끌어올리는 일이지요.

강 대표 그런데 아침 1시간은 그 일에 쓰고 싶진 않으셨나 보네요.

홍 팀장 네……? 하하하…….

강 대표 출근 후 1시간은 워밍업의 시간이다, 이렇게 합리화하며 개인적인 시간으로 쓰고 싶으셨나요?

홍 팀장 네…… 사실은 조금 마음에 여유를 두고 싶다는 생각이 들었어요.

언제나 시간이 부족하다는 생각만 했지 시간이 더 생긴다면 무엇을 할까 구체적으로 정해놓진 않았어요. 쉬고 싶다는 말을 당당하게 하지 못하는 이유도 쉬는 일에 들어가는 내용이 게임이나 스마트폰 보며 검색 한다던지 하는 해도 그만 안 해도 그만인 일들이 태반이기 때문인 것 같네요. 사실 그러고 나면 쉬었다는 기분이 들기는커녕 눈만 침침해지기도 하고요.

강 대표 그럼 내 인생에 1분이 더 생긴다면 무엇을 하시겠어요?

홍 팀장 1분이요? 1시간도 아니고 1분이라니, 너무 짧은 시간 아닌가요? 어디에 쓰려고 해도 쓸 수 없는, 자투리도 안 되는 1분인데요. 솔직히 1분은 존재하는지 안 하는지조차 모르고 지나치는 시간인 게 사실이죠. 1분이 더 생긴들 인생에 큰 변화가 생기는 것도 아닐 거고……

강 대표 1분에 대해서 진지하게 생각해본 적 없으시죠?

홍 팀장 네. 1분쯤이야……

강 대표 1분이 늦어서 비행기를 놓친다면요?

홍 팀장 아!

강 대표 그래도 1분이 별 것 아니라고 하시겠어요?

홍 팀장 …….

강 대표 올림픽에서 100미터 달리기나 마라톤, 혹은 수영은 어느 정도의 시간으로 금메달이 결정될까요?

홍 팀장 …….

강 대표 1분은 우리에게 주어진 인생 자체일 수도 있어요. 결코 우습게 볼 게 아니랍니다. 1분을 우습게 보는 한 시간관리는 구체성을 띨 수 없어요. 1분을 허투루 쓰면 1시간도 흘려보내고, 1시간을 쉽게 생각하면 하루 또한 있는 듯 없는 듯 살게 되지요.

　무거운 침묵이 흘렀다. 강 대표는 더 이상 말을 잇지 않았지만 홍 팀장은 그 침묵이 오히려 어떤 말보다 아프게 느껴졌다. 자신이 한심해서 견딜 수가 없었다. 시간관리를 배운다고 이 자리에 앉아 있으면서 여전히 시간이 얼마나 소중한 것인지 깨닫지 못하고 있었던 것이다. 홍 팀장은 솔직하게 속내를 털어놓았다.

─ 당신은 20%만 일하고 있다

홍 팀장 조금 한심하긴 하지만 지금에야 든 생각인데요, 시간을 촘촘하게 쓰지 못하는 이유도 스스로 무엇을 하고 싶다는 동기부여가 안 되어 있기 때문이 아닐까 싶기도 해요.

강 대표 오호, 왜 그런 생각이 드셨어요?

홍 팀장 정말 중요하고 필요한 일은 시간이 나서 하는 게 아니라 시간을 만들어서라도 하잖아요. 프로젝트 마감이 다가오면 모든 시간은 거기에 집중하게 되니까요. 그땐 정말 1분 1초를 아껴가며 일하거든요. 그런데 그것은 일시적인 것이고 평소로 돌아오면 습관대로 시간을 허투루 쓰게 되죠.

강 대표 맞아요. 시간도 습관에 따라 쓰게 됩니다. 늘 일을 하고 있기 때문에 일에 가장 시간을 많이 들인다고 습관적으로 생각하는 것이고요. 그래서 우리는 매일 일을 열심히 하고 있다는 착각에 빠지기 쉽지요. 하지만 대부분 일과 관련 없는 것을 하고 있을 때가 많답니다. 심지어 일을 하고 있을 때조차 그 일이 목표에 부합한 일, 즉 제대로 된 일이 아닐 때도 있어요.

강 대표는 브라이언 트레이시의 『타임파워: 잠들어 있는 시간을 깨워라』에 있는 내용을 말해주었다. 1928년에 매거진 《세일즈 앤드 마케팅 매니지먼트》는 미국 기업의 영업사원들이 시간을 얼마나 효율적으로 사용하는지 설문조사를 한 적이 있다. 이에 따르면 보통의 영업사원은 하루 평균 1시간에서 1시간 30분 정도, 즉 영업시간의 20%만 일하는 데 보낸다는 것이다.

그 후 이 잡지는 1988년에 영업담당 직원에 대한 지난 60년 동안의 시간 효율성 향상에 관한 교육훈련동향 기사를 실었다. 이에 따르면 미국의 보통 영업사원들이 일하는 시간은 여전히 하루 평균 90분이었다. 지난 60년 동안 달라진 것이 전혀 없다는 것이다.

눈으로 글을 줄줄 흘려보내지 않는 법

'책을 읽었다'고 착각하는 시간을 없애라
책 읽을 시간을 정해놓고 집중해서 읽어라

강 대표의 말이 끝나자 침묵만이 감돌았다. 굴지의 대기업 회장이든 보통의 영업사원이든 시간에 관한 한 똑같았다. '자기 생각만큼' 일하는 시간이 많지 않다는 것이다. 홍 팀장은 겨우 입을 떼었다. 이상할 정도로 묘하게 참담한 기분이 들었지만 애써 그런 기분을 누르려고 애썼다.

홍 팀장 그럼…… 그들은 나머지 시간에 무엇을 했나요?

강 대표 앉아 있었습니다.

홍 팀장 네?

강 대표 말 그대로 그냥 앉아 있었어요. 담배를 피우며 시간을 죽이거나 커피를 마시며 가십을 이야기하면서 말이죠. 영업사원이 영업을 하지 않는 이상 태업 상태라는 것을 아시나요? 팀장이라면 성과를 내는 일에 더 집중해야 할 테고요. 그런데 우리는 스스로 착각을 하고 있지요. 그냥 앉아 있는데도 일을 한다고 말입니다. 그렇다고 뭔가를 속이려는 의도를 가진 건 아니지요.

책 읽기도 마찬가지입니다. 모처럼 자리를 잡고 앉아 3시간 동안 책 읽기에 집중했다고 해봅시다. 눈으로 글을 줄줄 흘려보내지는 않았나요? 그냥 앉아 있는데도 책을 읽고 있다고 생각하지는 않았던가요?

며칠 동안 똑같은 책을 붙들고 있었는데, 애써 다 읽고도 도

대체 무슨 내용이었는지 기억나지 않을 때가 있죠. 하지만 60분 동안 읽은 책에서 더 깊이 있는 깨달음을 얻기도 합니다. 독서를 얼마나 긴 시간 동안 하는지는 중요하지 않아요. 밀도 있는 독서가 중요하지요. 독서할 시간을 1~2시간 뭉텅이로 정해두고 밀도 있는 독서를 하는 것이 훨씬 효과적입니다.

홍 팀장 폐부 깊숙이 찌르는 말이네요……. 오늘 멘토링은 생각보다 힘든 시간이에요. 제 자신의 상황을 거울처럼 드러내놓고 보니 벌거벗은 기분마저 듭니다.

의미 없이 앉아 있었던 시간도, 확실히 있었네요. 일을 열심히 한다고 했지만 성과로 이어지지 않는 것들에 시간을 많이 투자하기도 했고요.

강 대표 시간관리의 대가 브라이언 트레이시 이야기를 좀 더 들려드릴까요? 그는 시간을 관리하는 자가 인생의 진정한 주인공이라고 했습니다. 시간관리에 대해 20년 이상 연구하고 경험을 축적했지요. 그는 불우한 가정에서 태어났고 학교에선 문제아 취급을 받았습니다. 고등학교를 중퇴한 그가 생존을 위해 했던 첫 번째 일은 호텔 주방에서 접시를 닦는 일이었어요. 힘들게 하루하루 일해도 내일 당장 먹을 것을 걱정해야 했던 무일푼 노동자였지요. 그랬던 그가 연간 매출 3000만 달러인 회사를 만들었습니다. 45권 이상의 그의 책들은 25개 언어로 번역되었고요.

홍 팀장 어떻게 그런 성공을 거둘 수 있었나요?

강 대표 시간을 잘 관리한 덕분이지요. 그는 시간관리는 단지 열심히 일을 하도록 돕는 것이 아니라 더 현명하게 일할 수 있게 한다고 했습니다. 훌륭한 시간관리는 에너지, 열의, 긍정적인 정신력의 원천이라고도 했지요. 시간을 스스로 관리하는 사람은 말하자면, '크로노스Chronos'에서 '카이로스Kairos'로 이행한 사람입니다.

04

10시간보다 빛나는 1시간,
카이로스적 책 읽기

— 자기 합리화하며 그냥 흘러보낸 시간들

강 대표 사람들은 자신의 시간에 의미를 부여하는 습관이 있지요. 그래서 때로는 실제와 다른 왜곡이 일어나기도 합니다. 킬링 타임을 보내고 있으면서도 일과 연관 짓기도 하죠.

객관적으로 자신의 시간을 기록해보세요. 분명 구멍이 숭숭 나 있다는 것을 알게 될 테니까요. 누수가 있는 곳만 찾아서 막아도 정신없이 쫓기는 생활에선 벗어날 수 있어요. 자기 시간의 주인이 될 때, 우리는 인생을 브라이언 트레이시처럼 크로노스의 시간에서 카이로스의 시간으로 전환할 수 있지요.

시간이란 말을 헬라어, 즉 고대 그리스어로 표현하면 크로노스와 카이로스 두 가지가 있습니다. 둘 다 시간으로 번역할 수 있지만 의미는 전혀 달라요. 크로노스는 달력이나 시계로 잴 수 있는 물리적인 시간의 개념을 말하죠. 카이로스는 어느 특정한 시기, 다시 말해 위기, 기회, 우선순위 등 의미를 부여할 수 있는 시간을 말합니다.

홍 팀장 크로노스, 카이로스……. 크로노스, 카이로스…….

시간에 대한 이야기는 광대하면서도 본질적인 문제라는 인식이 조금씩 들기 시작합니다.

강 대표 엄마가 아기를 품고 있는 10개월은 어디에 속할까요?

홍 팀장 10개월이라는 물리적 시간이니, 크로노스 아닌가요?

강 대표 맞습니다. 그럼 아이를 출산하는 순간은요?

홍 팀장 인생에서 중요한 한 시기일 테니 카이로스일 것 같네요.

강 대표 이해를 아주 잘 하셨네요.

홍 팀장님도 과거를 돌아보면 카이로스 같은 시간이 있었을 겁니다. 언제라고 생각하시나요?

가장 먼저 생각나는 것은 역시 회사에 입사한 순간이었다. 아내에게 프러포즈를 했던 날도 떠올랐다. 첫 아이가 태어나던 날도 생생했고, 팀장으로 승진했다는 소식을 들은 날도 잊지 못할 순간이었다.

특별히 의미 있었던 날들을 떠올리자 홍 팀장의 눈빛이 부드럽게 변했다. 생각만 해도 가슴이 뻐근해질 만큼 기쁜 일들이 많았다. 그동안 바쁘게 사느라 찌들어서 잊고 있었는데 다시금 되살아난 추억들 덕분에 마음이 말랑말랑해지는 기분도 들었다.

잊고 있던 일들을 다시 떠올리니 홍 팀장은 잘못 살아온 건 아니구나 하는 생각이 들었다. 비록 일을 열심히 하고 있다는 착각에 빠져 펑크 낸 시간도 있긴 했지만 말이다.

강 대표 우리에게 주어진 시간은 공평하지요. 하지만 누구나 똑같이 의미 있는 시간을 보내는 것은 아닙니다. 제가 시간관리 이야기를 하면서 이 이야기를 한 이유는 일하는 시간이 그냥 흘러가는 크로노스의 시간이 아니라 특별한 가치가 있는 카이로스 같은 시간이 되길 바라기 때문입니다.

어떤 시간을 보내느냐에 따라 우리 삶의 가치도 달라지니까요. 하루 24시간 전부를 카이로스처럼 살고 있는 사람은 거의 없을 거예요. 하지만 평범한 우리도 제대로만 익히면 크로노스에서 카이로스로 조금씩 이동시킬 수는 있을 겁니다.

책을 읽을 때도 10일 동안 같은 책을 붙들고 있으면 책에 대한 부담감만 늘어날 뿐이었다. 10일 동안 책을 읽는 시간은 정작 얼마 되지도 않고 무슨 내용이었는지 기억도 잘 안 났다. 처음부터 시간을 정해놓고 그 시간에 맛볼 수 있는 책의 가치에 집중을 하면 의미 있는 책 읽기 시간, 카이로스적 책 읽기를 만들 수 있었다.

'카이로스적 책 읽기라.'

의미 있는 시간으로 차곡차곡 채워진 인생은 얼마나 멋질까? 의미 있는 문장으로 가득 찬 1시간은 의미 없이 책을 읽으려 앉아 있었던 10시간보다 얼마나 빛날까? 의미 있는 책으로 가득 찬 인생은 얼마나 아름다울까?

착각이나 왜곡에 빠지지 말고 자신의 시간을 있는 그대로 들여다보고 싶었다.

'대부분의 시간을 나는 어디에 쓰고 있는 걸까?'

어떤 식으로 시간을 배치해야 할지, 어떻게 잘 관리해야 할지 알아야 할 게 태산 같았다.

05

성과를 지배하는 사람은
시간에서 출발한다

― 급한 일인가, 중요한 일인가? 시간관리의 핵심

강 대표 뭔가 시작할 때 계획부터 세우지 말고 시간이 얼마나 걸리
는지 파악하는 게 우선입니다.

홍 팀장 얼마나 시간이 드는지 알려면 그래도 일에 대한 계획부터
세워야 하는 것 아닌가요?

강 대표 보통 그렇게 생각하지요. 일을 계획하라는 말은 당연한 말
처럼 들리기도 하고요. 그런데 문제는 계획대로 일이 진행
되지 않는다는 데 있습니다. 성과를 올리는 사람은 일에서
출발하지 않아요. 시간으로부터 출발하지요. 시간의 견적을
뽑는 게 우선입니다.

홍 팀장 시간이 얼마나 걸리는지 명확하게 파악하라는 말씀이시죠?

강 대표 네. 피터 드러커의 통찰력이 빛나는 말이죠. 그래서 시간을 기록하라는 얘기도 나온 겁니다. 시간을 기록해보지 않는 이상 내가 어디에 시간을 쓰고 있는지 알 수 없고, 따라서 일을 할 때 얼마만큼 시간을 낼 수 있는지도 알 수 없지요.

홍 팀장 이거야 원. 시간 가계부라도 써야 할 것 같네요.

강 대표 그거 좋은 생각인데요? 성과를 올리는 사람들의 공통점은 목표를 달성하는 실행 능력을 갖고 있죠.

지능이나 상상력이 아무리 뛰어나도 실행 능력이 부족한 사람들은 실패할 수밖에 없어요. 목표달성은 타고난 재능과는 아무 상관이 없어요.

홍 팀장 정말 그런가요? 무슨 일을 맡든 주저하지 않고 처음부터 척척 일 잘하는 분도 계시던데요? 저희 회사에 정 이사님이라고 계신데 그분의 일처리 능력은 넘볼 수가 없어요.

강 대표 처음부터 일을 잘하는 사람이었다면 그는 실행 능력이 몸에 배어 습관이 된 사람일 거예요. 구구단을 외우는 것처럼 그건 몸으로 익혀야 하는 거죠. 엄청난 연습과 반복을 통해서요.

홍 팀장은 머릿속에 정 이사와 자신과 서 대리를 놓고 피라미드를 그려보았다. 정 이사는 압도적으로 피라미드 꼭대기에 있었다. 그리고 하단에 있는 것은 물론 서 대리였다. 중간에 있는 자신과 정

158

이사의 차이는 무엇인지, 그리고 서 대리와 자신의 차이는 무엇인지 좀 더 생각해봐야겠다고 여겼다.

하지만 한 가지만은 확실했다. 정 이사의 경험은 자신과 서 대리와의 경험과 비교가 되지 않을 정도로 질적인 면에서나 양적인 면에서 압도적으로 풍부했다. 정 이사의 능력이 그냥 생긴 것은 아닐 터였다. 그가 시간을 어떻게 쓰는지 생각하는 것만으로도 고개가 끄덕여졌다.

정 이사는 자신보다 더 크고 중요하고 많은 일을 하는데도 시간에 쫓기는 사람으로 보이질 않았다. 오히려 직원들의 경조사를 챙기고 어려운 일은 없는지 먼저 물어보았다. 어떻게 그럴 수 있는지 늘 궁금했는데 비밀은 시간관리에 있음이 틀림없었다.

― 미래를 앞당겨 살아라, 조나단 에드워드처럼!

지금보다 일이 늘어나면 늘어났지 줄어들지는 않을 터였다. 실제로 사용할 수 있는 시간은 점점 줄어든다. 그러므로 자신의 시간이 어디에 어떻게 쓰이는지, 한정된 시간을 어떻게 관리할 것인지는 팀장으로 역량을 키우는 데 중요한 정도가 아니라 필수요소였다.

홍 팀장 성과를 내는 데 실행 능력이 중요하고, 그 실행 능력 중에서도 특히 중요한 것이 시간관리라는 말씀이시죠?

강 대표   맞아요. 목표를 달성하는 사람들은 자신의 시간이 어떻게 사용되고 있는지 정확히 알고 있죠. 자신이 통제할 수 있는 시간이라면, 아주 적은 시간이라도 함부로 낭비하지 않고 체계적으로 관리하니까요. 하지만 일반 사람들은 시간을 그냥 흘려보내죠. 오죽하면 시간을 물처럼 쓴다는 말이 다 있겠어요.

홍 팀장   어떤 일이 더 중요한지 우선순위를 정하는 일이 성과와 직결될지도 모르겠네요. 중요한 일과 그렇지 않은 일이라 해도 시간이 더 걸리는 일부터 시작할지, 빨리 끝낼 수 있는 일부터 시작할지, 그것도 고민이고요.

강 대표   그래서 시간관리는 우선순위 설정이 핵심원리지요. 이와 관련해서 도움을 받을 수 있는 분이 있습니다. 조나단 에드워즈Jonathan Edwards라는 분이에요. 다행히 그 분이 남긴 글을 번역한 책도 있어요. 『조나단 에드워즈처럼 살 수는 없을까?』라고, 그의 결심문 70개와 자서전, 그리고 일기로 이루어진 책입니다.

이 분 정말 대단하신 분입니다. 시간에 관한 한 이 분처럼 철두철미한 사람도 없을 거예요.

조나단 에드워즈는 죽음에 가까웠을 때를 생각하며, 삶을 뒤돌아보았을 때 '이렇게 살았어야 했는데'라고 생각하는 대로 '지금' 그렇게 살기를 바랐지요. 그의 삶은 미래를 앞당겨 살아갔다고 해도 과언이 아니었어요.

시간관리를 잘한다는 것은 어떤 일을 할 때 무조건 시간을 단축시키는 것을 의미하지 않았다. 짧은 인생에서 수없이 많은 일들을 만나는데 그 가운데 무엇이 중요한 것인지, 무엇이 불필요한 일인지 분별하는 것을 뜻했다. 즉 중요하고 유익한 일에 시간을 사용하고, 중요하지 않고 해가 되는 일에는 시간을 쓰지 않는 것. 이것이 조나단 에드워즈가 말한 시간관리의 비결이었다. 우선순위를 정하는 기준이기도 한 것이다.

조나단 에드워즈는 이런 기록을 남겼다.

'모든 일을 그 일의 긴급성과 중요성에 따라 그에 맞게 생각할 시간을 배당하도록 하자. 의무적으로 해야 할 일과 유익한 일이라면 하나도 빠트리지 말고 하고, 죄 되는 것과 부적당한 것이라면 하나도 하지 않도록 하자(1724년 1월 1일).'

불과 21세의 나이에 무려 약 300년이나 앞서 시간의 중요성과 핵심원리를 간파했던 것이다. 그뿐이 아니었다. 더욱 감탄스러운 것은 아는 것을 넘어서 그가 자신의 삶에 그것을 적용했다는 점이었다. 그가 말하는 중요성과 긴급성은 현대의 시간관리 개념의 원조와도 같았다.

06

세계 최고 인재들은
어떻게 시간을 사용할까?

— 똑같이 주어지는 24시간, 누가 세상을 이끄는가?

강 대표는 시간관리에 도전 의식을 불태울 수 있는 책을 추천했다.
조선일보 미국 특파원으로 파견되었던 강인선 씨가 쓴 『하버드 스
타일』이라는 책이었다.

　저자는 우리나라 최고의 대학을 나온 수재였다. 회사의 배려로
하버드 대학원에서 공부하게 되었다. 그러나 입학하자마자 '박살'이
났다고 한다. 나름 공부에는 자신 있었는데 도무지 학교 수업을 따
라갈 수 없었다. 무엇이 달랐던 걸까?

강 대표　하버드에는 1000개가 넘는 강의가 있고 100가지 이상의
　　　　과외활동이 있다고 합니다. 꼭 해야 하는 일과 하고 싶은 일

을 균형 있게 맞추기 위해선 시간관리가 필수죠. 그래서 하버드 1학년생에게 가장 중요한 일도 시간을 관리하는 법을 익히는 것이라고 해요. 당장 과제를 내는 일부터 적용이 되죠. 공부에 필요한 시간의 견적이 나와야 다른 활동도 맞출 수 있으니까요.

가령 A 과목을 선택했다면 읽어야 하는 책의 분량을 파악하고, 케이스 스터디에 걸리는 시간과 리포트를 작성하는 시간 등을 면밀하게 분석을 해서 일주일 동안 배치할 수 있는 능력이 있으면 수업을 따라갈 수 있고, 그렇지 않으면 포기할 수밖에 없었죠.

시간관리를 포함해 철저한 자기관리법을 배우게 되는 거죠. 이게 바로 하버드의 힘이에요.

홍 팀장 괜히 경쟁력이 생기는 게 아니겠네요.

강 대표 물론이죠. 하버드 대학원의 리처드 라이트Richard J. Light 교수는 하버드 수재 1600명의 공부법이라는 주제로 16년 동안 연구를 했어요. 공부도 잘하고 과외활동도 열심히 하는 등 모든 면에서 성공적인 학생과 그렇지 못한 학생을 두 그룹으로 나눠 조사했더니 가장 큰 차이가 무엇이었을까요?

홍 팀장 시간관리 능력에 차이가 있었겠군요.

강 대표 성취도가 높은 학생일수록 대화할 때 '시간'이라는 단어를 자주 썼고, 그렇지 못한 학생들은 아예 시간 개념이 없었다고 합니다. 그래서 그는 공부 방법보다 더 시급하게 익혀야 할 것은 효과적인 시간관리법이라고 결론을 내렸지요. 공부를 업무로 바꿔서 말하면 조직 안에서 성과를 낼 때 가장 첫 번째 염두에 둘 것이 무엇인지 답이 나오겠지요?

홍 팀장은 자신이 대학을 다닐 때를 떠올려봤다. 시간관리는 생각도 하지 않았다. 한 학기에 책을 한 권 읽을까 말까 한 적도 있었다. 시간스케줄을 잡아본 적은 아예 없었다. 그렇게 공부해서 사회에 나온 자신과 하버드에서 철저하게 시간관리의 중요성을 체험하고 나온 이들이 활동하는 필드는 시작부터 크게 차이가 날 수밖에 없을 터였다.

'그때 생긴 나의 습관이 지금까지 이어져온 거야. 습관이라는 무서운 힘에 발목 잡혀서 언제까지 끌려다닐 거야? 팀장이 된 지금까지도 학생 시절 습관을 못 버리고 있다니. 이번에야말로 독서로 잘못된 습관을 고치고 말겠어.'

천재라고 불리는 사람들이 발에 채일 만큼 수두룩한 하버드 대학교에서 학생들은 자신들끼리 경쟁하며 버틴다. 그것만으로도 엄청난 일 터였다. 하버드는 미국 명문대학의 이름만은 아니었다. 수없이 많은 노력으로 자신을 갈고닦는 이들의 배움의 전당이었다. 새삼 자신의 처지를 돌아보았다. 안에 있을 때는 회사라는 조직이 크게 느껴졌지만 밖에서 보니 우물처럼 작게 느껴졌다.

'나는 우물 안 개구리였다…….'

임원도 아니고 사장도 아니고 고작 팀장직 하나를 맡고선 힘들다고 한 자신이 민망했다. 우물 안에서 허우적거리면서도 빠져 죽겠다고 아우성을 친 꼴이었다. 홍 팀장은 심호흡을 크게 했다. 지금까지 실제로 일이 너무나 많아서 힘들었다기보다 일에 대한 과도한 부담감에 짓눌려 압도당했던 기분이 들었다. 다시 기세를 되살릴 필요가 있었다. 시간관리의 기초부터 튼튼히 배워보자 마음먹었다. 이런 홍 팀장의 마음을 읽었는지 강 대표의 멘토링도 점점 활력을 띄어갔다.

07

팀장이 써야 할 시간과
버려야 할 시간

─ 세계 1% 전략가의 시간관리법

강 대표 피터 드러커, 브라이언 트레이시, 조나단 에드워즈, 리처드 라이트. 이들이 강조하는 것은 하나입니다. 바로 시간관리죠. 우리가 시간관리의 대가들이 쓴 책을 읽는 것도 바로 시간관리를 철저히 하기 위한 방법을 배우기 위해서입니다. 홍 팀장님과 저는 자기경영을 목적으로 독서 멘토링을 하고 있습니다. 다시 짚어보겠습니다. 시간관리가 중요한 이유는 뭘까요?

홍 팀장 성과를 높이는 방법을 배우기 위해서지요.

강 대표 그래요. 목적을 잊지 않고 기억한다면 시간관리 방법은 어렵지 않습니다.

가장 먼저 자신의 시간을 기록합니다. 그런 후 기록한 시간을 진단해서 성과를 만들어내지 못하는 업무를 찾아 제거하는 일이 필요합니다. 그리고 다른 사람이 할 수 있는 것이 무엇인가 파악한 후 위임할 수 있는 일은 위임하는 것이죠. 그다음은 다른 사람의 시간을 정리하고 조절해서 낭비되는 시간을 막아야 합니다.

홍 팀장 머릿속에 반짝, 전구가 켜졌다. 과도하게 성과에 집착하느라 아랫사람에게 맡길 수 있는 일조차 자신이 검토하고 있었던 것이다. 그러면서 정해진 시간 안에 일을 마치지 못한다고 은근히 부하직원들을 구박하기도 했다.

'내일부터 당장 업무 분장을 정밀하게 해야겠구나.'

또 한 가지, 부하직원들의 부담을 줄여줄 필요가 있었다. 간단한 리서치나 자료 조사 등은 인턴이나 단기 아르바이트를 고용해서 맡기고 단순 업무보다 좀 더 질 높은 일에 집중하도록 업무환경을 돌봐주는 게 좋겠다는 생각이 들었다.

'왜 지금까지 이런 생각을 못 했을까?'

홍 팀장은 강 대표를 바라보았다. 강 대표가 전해주는 솔루션은 복잡하거나 힘든 것이 아니었다. 오히려 그와 대화를 나누면 단순명쾌하게 길이 보였다. 지금에서야 강 대표를 만난 것이 아쉬웠지만 지금에라도 만난 것이 다행이라면 다행이었다. 언제든, 시작하는 때가 가장 이른 때이니 말이다.

홍 팀장   그런데 어떻게 하면 시간을 더 효율적으로 관리할 수 있을까요?

일을 잘한다는 것은 정해진 시간 안에 성과를 낸다는 것이고, 훌륭한 성과를 내기 위해서는 효율적인 시간관리가 필요하잖아요? 그렇다면 구체적으로 어떤 방법을 써야 하나요?

강 대표   업무를 할 때 홍 팀장님은 어떻게 시간을 쓰세요?

홍 팀장   일단 중요한 것을 먼저 시작하죠. 급한 일이 중간에 치고 들어오면 그것을 하게 될 때도 있지만요. 기획하고 있는 프로젝트는 틈틈이 자투리 시간을 긁어모아 쓰기도 하는데 총 사용 시간은 제법 되는 것 같은데도 이상하게 진도가 안 나가요.

대답은 했지만 말하면서도 제가 답답하네요. 이래서야 시간 관리를 하지 않는다고 말한 것이나 다름없네요……

― 중요한 일에는 뭉텅이 시간을 확보하라

강 대표   시간을 기록해본 적이 없다고 하셨죠? 우선 1주일 단위로 시간을 어떻게 사용하는지 분석한 후에 개선방법을 찾아보는 게 좋겠네요.

홍 팀장 그런데 기획하고 있는 프로젝트의 경우 시간을 잘게 쪼개 쓰는데도 진도가 안 나가는 이유는 뭘까요?

강 대표 좋은 전략이 아니기 때문이죠. 아까도 말씀드렸지만 일을 잘하는 사람들은 천부적 재능을 타고나서가 아니라 좋은 습관을 많이 갖고 있는 사람들이라고 했습니다.

좋은 습관은 따로 고민하거나 생각할 시간을 안 내도 되게 하기 때문에 시간을 그만큼 단축시켜주죠. 아침에 양치질을 할 때마다 이빨을 닦아야 하나 말아야 하나, 어떤 치약을 써야 하나, 헹구는 물은 생수로 할까 수돗물로 할까, 그런 고민 하는 사람은 없을 거예요. 거의 자동적으로 칫솔에 치약을 바르고 양치질을 하고 입 안을 헹구죠. 이렇게 하는 데 3분 정도 걸립니다. 그런데 이걸 매일 아침 고민한다고 생각해 보세요. 3시간도 부족할 수 있어요. 그러면서도 자신은 합리 적으로 시간을 쓰고 있다고 생각하겠죠.

홍 팀장 제가 지금 일하는 방식도 그런 점이 있는 거네요. 자동적으로 습관화 하면 좋을 법한 것도 몇 가지 떠오르네요.

강 대표 시스템이나 매뉴얼이 편한 이유가 바로 거기에 있죠. 팀장 은 기계적으로 일하는 업무보다 생각하는 업무에 투여하 는 시간을 더 많이 가져야 해요. 특히 기획을 할 때는 시간 이 더 필요하죠. 시간관리 전략을 짤 때는 그 일에 들인 총 시간이 아니라 한 번에 쓰는 시간을 봐야 해요. 아무에게도 방해받지 않고 쓸 수 있는 몇 시간을 확보하는 게 중요하죠. 자투리 시간을 이용해야 할 때는 따로 있어요.

아! 홍 팀장은 이마를 탁 쳤다. 자신은 전체 들인 시간만 보고 있었던 것이다. 들인 시간을 모두 생각하면 30시간이 넘었지만 그것은 집중한 3시간보다 못한 시간이었다. 효율적인 시간관리에도 전략이 필요했다. 그리고 그것이 이제부터 강 대표에게 들을 이야기였다.

08

시간을 묶음 단위로
모아서 배치하라

─ 10분, 20분씩 나누지 말고 덩어리로 집중하라

강 대표 시간을 전략적으로 사용하려면 분명한 목적과 디테일한 방법이 있어야 합니다. 본격적으로 이야기를 하기 전에 지금까지 한 이야기들을 한번 정리해볼까요? 시간관리를 하려면 가장 먼저 자신의 시간을 기록하라고 했습니다. 그리고 일을 할 땐 무엇부터 할 것인지 계획을 세우기보다 얼마만큼 시간을 쓸 수 있는지부터 고려하라고 했고요.

홍 팀장 네. 그리고 일의 우선순위를 정할 땐 긴급성과 중요성 두 가지를 생각하라고 했었지요.

강 대표 좋습니다. 여기까지 왔다면 그다음은 시간을 하나의 묶음으로 모아서 쓰는 것입니다. 이렇게 하기 위해 몇 가지 구체적인 방법을 알려드리지요.

일주일 중 하루를 통째로 확보하는 방법이 있습니다. 가령 토요일 하루 전체를 사용할 수 있겠죠. 또는 월, 수, 금 오전은 중요한 것에 집중해보는 겁니다. 화, 목은 출근 전에 휴대전화를 꺼두고 서재에서 일하거나 출근을 일찍 해서 아무도 없는 사무실에서 일해도 좋겠죠. 회의, 검토 등 일상적인 업무는 1주일에 두 번 정해진 요일에 하고요.

홍 팀장 통째로 시간을 쓴다는 건 어떤 방해도 받지 않는 시간을 말하는 거네요?

강 대표 네. 중간에 끊기지 않는 시간이죠. 대화를 하거나 전화를 받거나 메일을 보내는 등 외부와 연관된 일을 일절 배제한 채 집중하는 겁니다.

곰곰이 생각해보니 일을 할 때 불필요한 외부 상황에 영향을 많이 받았다. 문자나 카톡만 해도 집중력을 뚝뚝 끊어놓기 때문이다. 업무를 카톡으로 하는 경우가 늘면서 어쩔 수 없이 열어두고는 있었지만 바로바로 확인하지 않아도 엄청나게 큰일이 나는 경우는 없었다.

하지만 그 습관을 바꾸지 못한 이유 중 하나는 연락이 오면 바로 답을 해주는 게 일을 잘한다는 인식을 심어주는 일이라고 생각했기 때문이다. 하지만 그것을 이제는 좀 다르게 해봐도 괜찮겠다는 생각이 들었다. 메일이나 문자를 받았을 때 즉시 답을 하는 것과 업무 능력과는 별 상관관계가 없는 것이다.

타이밍이 의미 있으려면 즉답보다 마감 일정을 맞추는 것과 퀄리티 높은 결과를 내는 게 우선이었다. 시시때때로 메일을 확인하고 답장을 보내느라 일하는 집중력이 떨어진다면 얻는 것보다 손해가 더 컸다. 게다가 정말 급한 일이라면 상대가 어떻게 해서든 연락을 해오기 마련이었다. 휴대전화가 아니면 회사전화로, 그것도 아니면 부하직원을 통해서 찾기도 했다. 그러나 그 정도로 급한 일은 어지간해서는 일어나지 않았다.

─ 신발 속 모래처럼 거슬리는 작은 일들 처리법

강 대표 자신의 자유재량 시간을 통합하는 일은 굉장히 중요합니다. 방해받지 않는 연속적인 시간을 얼마나 확보하느냐에 따라 업무 성과가 달라지죠. 근무 시간의 5분의 1이라 해도 통으로 쓸 수만 있다면 중요한 일을 하기엔 충분하니까요.

홍 팀장 하루 근무시간의 5분의 4를 쓰더라도 여기 10분, 저기 30분, 하는 식으로 잘게 쪼개 쓴다면 아무 소용이 없다는 뜻이네요.

강 대표 시간을 어떻게 쓰고 배치하는지 기록하고 분석했다면 마지막 단계는 연속적으로 통합하는 일입니다.

또 한 가지 중요한 것이 있어요. 부차적이고 생산성이 낮은 일을 한꺼번에 뒤로 미루지 말라는 겁니다.

홍 팀장 왜요? 그것도 시간을 통째로 내서 처리하는 게 좋지 않나요?

강 대표 우선순위의 문제이기 때문입니다. 중요한 일을 먼저 하고 중요하지 않은 일을 뒤로 미뤄두면 시간관리를 잘하는 것으로 생각되지만 마음속으로는 어떤 생각이 들까요? 홍 팀장님은 어떠셨어요?

홍 팀장 그 일을 해야 하는데…… 계속 생각하고 있지요.

강 대표 별 일 아닌데도 계속 생각한다는 건 여전히 마음속으로 그 일에 우선권을 주고 있는 거죠.

홍 팀장 아! 정말 그러네요. 중요하지 않다고 여기면서도 머릿속에서 떨치지 못하니까요.

강 대표 성과와는 관련 없지만 하지 않으면 안 되는 일에 끌려다니는 셈이죠. 그러다 갑자기 해결해야 하는 일이 생기면 귀중한 자유재량 시간을 써버리게 되고, 결과적으로는 진짜 중요한 일을 못하게 되니까요.

그러니 항상 내가 통째로 낼 수 있는 시간을 만들어 꼭 지키세요. 스스로 판단해서 마감을 정하세요. 그리고 이것을 반복하는 겁니다.

홍 팀장은 자신의 상황이 영화처럼 눈앞에 스쳐지나가는 것 같았다. 왜 항상 시간이 부족하다고 느꼈는지 깨달을 수 있었다. 정말로 집중해서 일해야 하는 시간이 언제나 시도 때도 없이 나타나는 '위기'에 사각사각 갉아 먹히고 있었던 것이다. 그리고 그 위기라는 것도 정확히 보면 소소한 일에 지나지 않은 경우가 많았다.

09

업무 효율성을 높이는
우선순위 시간관리법

— 4사분면 위에 업무를 나누자

강 대표 이제 본격적으로 실전 시간관리를 실습해볼까요?

홍 팀장 좋습니다.

강 대표 아이젠하워의 원리라는 말을 들어보셨나요?

홍 팀장 아니요. 처음 듣는 말이에요.

강 대표 아이젠하워는 '긴급한 일 중에 중요한 일은 없고, 중요한 일
중에 긴급한 일은 없다'는 말을 남겼죠.

긴급성과 중요성의 원리는 조나단 에즈워즈가 앞서 생각한
것이지만, 아이젠하워는 이 두 가지를 가지고 사분면으로
구분하는 방법을 썼습니다. 1사분면은 긴급하고 중요한 것
을 말합니다. 예를 들면 물에 빠진 사람을 건져내는 일, 불난

아이젠하워의 원리

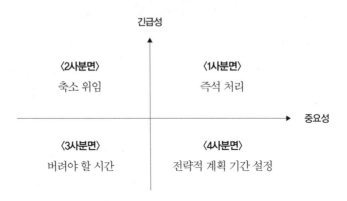

긴급성

〈2사분면〉
축소 위임

〈1사분면〉
즉석 처리

중요성

〈3사분면〉
버려야 할 시간

〈4사분면〉
전략적 계획 기간 설정

집의 불을 끄는 일, 응급 환자 수술 등이 되겠죠. 2사분면은 지금 당장 긴급하지만 중요하지는 않은 일입니다. 휴대폰이 울려서 받아보니까 대출하라는 전화입니다. 중요하지 않은데 다시 휴대폰이 울리면 또 받게 되죠. 중요하지 않은데 급한 건 대개 빈 깡통처럼 요란합니다.

그다음 3사분면은 긴급하지도 않고 중요하지도 않은 것입니다. 저녁에 집에서 소파에 누워 아무 생각 없이 홈쇼핑을 보거나 스마트폰으로 게임하는 일이겠죠.

홍 팀장 마지막으로 4사분면은요?

강 대표 긴급하지는 않지만 중요한 일입니다. 정기적으로 운동을 하거나 독서를 하는 일이 여기에 해당되지요. 저를 만나러 오신 것도 여기에 해당될 것 같네요.

홍 팀장 각각 중요도와 긴급도가 다르다는 건 알겠어요. 제가 하는 일도 그렇게 나눌 수 있을 것 같고요. 그런데 대응방법은 어떻게 되나요?

— 시스템을 만드는 체크박스 사용법

강 대표 1사분면은 즉석에서 처리를 합니다. 4사분면은 전략적 계획과 기간을 설정하세요. 2사분면은 축소하거나 위임합니다. 3사분면은 당연히 당장 휴지통에 갖다버려야 합니다. 이 중에서 가장 많은 시간과 꾸준히 노력한 부분은 어디일까요?

홍 팀장 4사분면일 것 같아요. 1사분면은 당장 처리를 해야 하니 시간을 들여서 생각할 여유가 없을 것 같고요.

강 대표 맞아요. 자신이 하고 있는 일을 네 가지로 나눈 후에는 한눈에 볼 수 있도록 정리를 해두세요. 저는 우선순위가 높은 일에는 항상 네모 박스로 표시를 해둡니다. 일종의 체크박스이지요. 그리고 이 체크박스는 저한테 항상 말을 걸지요. 저 먼저 처리해주세요, 라고요.

홍 팀장 체크박스는 일종의 시스템을 만드는 작업이네요. 체크박스만 보아도 일의 성질이 어떤 것인지 알 수 있겠어요. 체크박스의 구체적인 사용법도 있나요?

체크박스 활용법

◪	진행 중
⊠	완료
⊟→	연기, 위임
←⊟	취소

강 대표 물론이죠. 체크박스에 피드백을 써두는 방법이죠. 진행 중인
것에는 사선을 긋습니다. 완료가 되면 엑스 표시를 하고 연
기된 것은 오른쪽 방향으로 화살표, 취소된 것은 왼쪽 방향
으로 화살표를 해두죠. 이렇게 하면 사소한 것도 놓칠 위험
이 없어서 디테일한 부분까지 파악하게 되지요.

홍 팀장도 수첩에 체크박스를 그려보았다.

'단순한 네모 그림 하나가 이렇게 큰 역할을 담당할 줄이야.'

일을 잘한다는 건 처음부터 큰일을 해낸다는 뜻이 아니다. 자칫
하면 과욕이 넘쳐 일을 더 엉망으로 만들 수 있었다. 사소하고 작은
일들을 놓치지 않는 것이 일을 잘하게 만들어주고, 작은 성공들의
알갱이가 모여 큰 성공을 이루는 법인 셈이다.

10

속독은
우선순위 책 읽기다

— 책이 지겨워지지 않는 읽기의 기술

시간관리의 기본, 즉 '자신의 시간을 기록하는 일'의 중요성을 느꼈
다. 시간을 기록하면 실제 어떻게 살고 있는지, 무엇에 집중하고 있
는지 적나라하게 드러났다. 머릿속 생각과 객관적 사실에 큰 간격
이 있다는 것도 알게 되었다.

강 대표 우리는 크든 작든 자신을 과장하는 면이 있어요. 갖고 있는
       능력보다 보잘 것 없는 존재로 생각하기도 하고, 반대로 부
       풀려 생각하기도 하지요. 사실은 이런 점 때문에 실제 업무
       나 인간관계가 복잡해지기도 합니다.
       시간도 이와 마찬가지예요. 영원히 살 것처럼 생각하지만

실제로 우리에게 주어진 시간은 한정되어 있지요. 자신에게 주어진 시간, 특히 정력적으로 일할 수 있는 시간이 그리 많지 않다는 생각을 해보신 적이 있나요?

홍 팀장 언젠가는 일을 하지 못할 날이 오겠지, 하는 생각은 하지만 피부에 생생하게 와 닿진 않아요. 하루하루 주어진 일을 해내느라 벅차서 먼 미래 일을 생각할 겨를이 없다는 게 솔직한 심정이에요.

해야 할 일의 목표는 있는데 인생의 목적은 없는 것 같아요. 지금 하고 있는 독서도 일에 도움이 되는 것은 확실한데…… 뭐랄까…… 완벽하게 동기부여가 안 된다고나 할까…… 아직 습관으로 자리 잡지 않아서 그런 걸까요? 제가 시간의 소중함을 뼈저리게 느껴본 적이 없어서일까요?

강 대표 암처럼 중병을 앓고 다시 일상을 찾은 분들은 1분 1초가 아깝더라는 말씀을 하시지요. 그래서 살아 있는 동안 더 중요하고 가치 있는 일에 자신의 시간을 쏟게 된다고 합니다. 하지만 그렇다고 병에 걸릴 수는 없는 노릇이니 우리는 우리 나름대로 깨우쳐야지요.

홍 팀장 가끔은 제가 한심해요. 책을 읽다 보면 동기부여가 되는데 살다 보면 금방 잊게 되거든요. 내가 바본가 하는 생각도 들어요.

강 대표 하하하. 그럴 리가요. 그건 당연한 거예요. 단번에 동기부여가 되더라도 그게 꾸준히 지속되는 일은 없으니까요.

홍 팀장 네?

강 대표 홍 팀장님은 양치질을 하루에 한 번만 하세요?

홍 팀장 아니요. 하루 세 번 이상은 하지요.

강 대표 샤워는요? 오늘 아침에 하면 평생 안 씻나요?

홍 팀장 …….

강 대표 동기부여도 그렇게 생각하세요. 목이 마르면 물을 마시고, 당이 떨어진 나른한 오후에 달달한 간식이 생각나듯, 동기부여도 시시때때로 필요한 거예요. 다만 생활습관으로 자리를 잡으면 간격이 좀 더 길어질 뿐이지요.

독서도 비슷해요. 매일 매일 책을 읽지만 항상 똑같은 강도와 밀도로 책을 읽진 않지요. 어떤 날은 유난히 집중이 잘 되는가 하면 어떤 날은 글자가 눈에 안 들어오기도 하지요.

홍 팀장 네. 제가 바로 그래요. 문제는 한 번 책에서 손을 놓으면 그게 두 달이고 세 달이고 계속 간다는 겁니다. 그러다 또 바짝 한두 권 읽다가 관두고……. 좀 더 효과적으로 독서를 하고 싶은데 그럴 수 있는 방법이 없을까요?

강 대표 물론 있습니다. 오늘 할 두 가지 이야기 중에서 남은 한 가지이기도 하죠.

홍 팀장 세 배는 더 강력한 동기부여가 되는 것 같네요.

강 대표 업무력이 상승하면 더 많은 일을 더 빠른 시간 안에 쉽게 할 수 있지요. 남들이 3달 걸려서 하는 일을 3주일 안에 끝내는 경우도 봤으니까요.

중요한 것이 뭔지 우선순위를 설정할 줄 알면 구체적인 프로세스를 만드는 능력이 생기고, 과정마다 필요한 것을 실행하게 되지요. 그리고 그 속도가 빨라지고요. 독서도 마찬가지예요. 책을 읽으면 읽을수록 핵심을 파악하는 능력이 커지죠. 능숙하게 읽게 되면 당연히 속도도 빨라져요. 그래서 다들 시간과 독서의 상관관계를 생각할 때 빨리 읽는 것, 속독을 우선적으로 생각하지요.

― 전략적으로 책 읽기 속도를 조절하라

'속독'이라는 말에 홍 팀장의 눈빛이 번쩍 빛났다.

'책을 빨리 읽을 수만 있다면 얼마나 좋을까! 그럼 더 많은 책을 읽을 수 있을 텐데.'

속독에 관한 특별한 노하우를 알려줄까 싶어서 홍 팀장은 시선도 돌리지 않고 강 대표만 바라보았다. 누가 보면 눈에서 레이저라도 나오는 줄 알았을 것이다. 그러나 강 대표가 한 말은 홍 팀장의 기대와는 전혀 다른 이야기였다.

강 대표 독서를 할수록 더 빨리, 더 많이 읽게 되기를 원하지요. 많은 독서가들이 속독에 관심을 갖고 연구했어요. 속독을 통해 지식을 빨리 습득하는 것을 원했으니까요. 사람들은 속독을 '빠르게 읽는 것'이라고 생각해서 눈의 근육을 훈련시키기도 했습니다.

하지만 독서의 대가인 모티머 애들러는 속독에 대해 이렇게 말했어요. '중요한 것은 천천히 읽고, 중요하지 않은 것은 빠르게 읽는 것'이 속독이라고요.

홍 팀장 중요한 것은 천천히…… 중요하지 않는 것은 빠르게? 무엇이 중요하고 무엇이 중요하지 않은 것인가요?

강 대표 저자가 누구인지 알고, 전달하려는 정보가 무엇인지 사전에 파악하는 것입니다. 즉, 저자가 독자에게 말하고 싶은 것을 책을 읽기 전에 이해하는 것이지요. 홍 팀장님은 저자를 직접 만나본 적이 있으신가요?

홍 팀장 아니요.

강 대표 기회가 된다면 꼭 저자를 만나러 가보세요. 저자의 특강을 듣거나 저자와 직접 이야기를 한 뒤 그 책을 읽으면, 마치 그 사람과 이야기하는 듯 책에 몰입돼요. 저자를 잘 모르고 책을 읽는 것과는 전혀 다른 경험을 하게 될 거예요.

홍 팀장 왜 그런 거죠?

강 대표 저자를 직접 만나면 그가 어떤 사람인지, 어떤 경험을 했는지, 어떻게 살아왔는지 배경지식을 갖게 되기 때문에 책을 읽는 행위 자체가 그와 대화를 하는 것과 같지요.

홍 팀장 그런데 해외에 있는 저자는 만나기 어렵잖아요.

강 대표 모든 저자를 만나고 책을 읽을 수는 없지요. 하지만 저자의 정보를 얻을 수는 있어요. 그리고 책을 읽기 전에 책의 청사진을 미리 읽어보는 것이 중요하죠. 책을 읽기 전에 딱 3분만 투자해서 책을 파악하면 책을 장악하는 속도가 배가됩니다. 미리 책을 파악하는 방법에 대해 이야기해보죠.

실행력을 높이는
독서 솔루션 7

당신이 잘못 알고 있던 속독의 의미

진정한 의미의 속독

많은 분들이 가장 궁금해하고 오해하는 것 중의 하나는 바로 속독에 대한 것입니다. 책을 빨리 읽는 사람은 잘 읽는 사람으로, 책을 느리게 읽는 사람은 잘 읽지 못하는 사람으로 생각하는 것입니다. 하지만 빨리 읽는다고 무조건 좋은 것은 아닙니다. 중요한 부분은 천천히 읽고, 중요하지 않은 부분은 빨리 읽는 것이 진정한 의미의 속독입니다. 어떤 책은 음미해야 하는 반면 어떤 책은 삼켜야 하고 극히 일부는 씹어서 소화해야 하니까요.

그러면 어떤 것이 중요하고 어떤 것이 중요하지 않은 것일까요? 중요한 것이란 저자가 독자에게 알리고자 하는 의도나 핵심 주제입니다. 이것은 사전 독서 즉, 제목, 저자 프로필, 목차, 프롤로그 등을 통해 방향을 잡을 수 있습니다.

삶의 질과 내공을 높이는 독서

책을 항상 정독할 필요는 없습니다. 그렇다고 속독이 능사도 아닙니다. 중요한 것은 제대로 이해하는 것입니다. 지속적인 독서를 통해 배경지식이 쌓이면 속도는 자동적으로 빨라집니다. 우리가 어떤 일에 익숙해지면 그 일의 수행 속도가 빨라지는 것과 같은 이치입니다.

양보다 질이라는 말이 있듯, 독서에서 양적으로 많이 읽는 속독보다 중요한 것은 지식을 내 것으로 만들고 지혜를 쌓는 일입니다. '얼마나 빨리 읽는가?'에 초점을 맞추고 읽었다면 이제부터는 '내용을 이해하는 깊이와 속도'에 초점을 맞춰보세요. 독서의 패러다임이 근본적으로 변할 겁니다.

독서는 단순한 읽기 활동이 아닙니다. 삶의 질을 높이는 라이프 네비게이션입니다. 적극적이고 능동적인 독서는 삶의 내공을 높이는 DNA를 이식하는 것과 같습니다. 책을 읽다가 재미있는 곳이 나오면 멈춰서 충분히 즐기세요. 뇌가 싫어하는 일을 하면 지속하기 어렵습니다. 빨리 읽어야 한다는 강박에서 벗어나세요. 책마다 읽는 방법은 따로 있습니다.

11

3분 안에
한 권을 스캔하라

─ 책의 핵심을 간파하는 3가지 재료

강 대표 우선 표지를 통해 책의 콘셉트를 이해하세요. 그리고 대개
앞쪽 책날개를 보면 저자 프로필이 있어요. 전공, 경력 등 해
당 분야에서 어떤 역할을 해왔는지 저자가 살아온 삶과 가
치를 이해할 수 있지요.

책을 읽을 때 실제 그 분야의 현장에 몸담고 있으면서 오랜
경력 속에서 나온 글인지, 아니면 학자의 연구인지 체크하
세요. 현장에 있는 사람들은 경험을 주로 전달하는 반면, 학
자는 원리와 개념으로 책을 풀어내는 경우가 많거든요.

홍 팀장 같은 주제라도 어떤 경력을 지닌 사람이 썼느냐에 따라 다
른 이야기가 되는 것 같아요. 앞으로는 표지와 저자 프로필

만으로도 책의 내용이 어떻게 흘러갈지 감을 잡을 수 있을 것 같군요.

강 대표 프롤로그와 에필로그도 훌륭한 가이드에요. 프롤로그는 책이 나오게 된 계기와 어떻게 읽어야 하는지 방향을 알려주는 역할을 하지요. 핵심 단어나 핵심 개념이 무엇인지도 알 수 있고요. 이런 정보를 갖고 책을 읽는 것과 그냥 책을 읽는 것은 커다란 차이가 있어요.

프롤로그가 책을 읽기 전에 나침반 같은 역할을 한다면 에필로그는 책을 마무리 하면서 저자가 독자들에게 중요한 것을 다시 정리해주는 역할을 합니다. 그리고 책에서 배운 내용을 삶에 어떻게 적용하는 게 좋은지 알려주지요. 순서에 따라 마지막에 읽어도 상관없지만 미리 읽는 게 도움이 됩니다. 책의 방향을 재확인 할 수 있기 때문이지요.

책을 읽기 전에 이렇게 딱 3분만 투자해도 책을 읽을 때 중요한 부분과 중요하지 않은 부분을 구분할 수 있어요. 이런 연습을 통해 중요한 곳은 천천히, 중요하지 않은 곳은 빠르게 읽으면 시간을 효과적으로 절약할 수 있어요.

홍 팀장 프롤로그와 에필로그는 인사말이겠거니 하고 그냥 지나칠 때가 많았는데, 제가 잘못 생각하고 있었네요. 본문만 읽으면 된다고 생각했거든요. 어쩌면 책에서 가장 중요한 부분일지도 모르겠어요. 빨리 읽고 싶다는 생각만 했는데, 속독이 중요한 게 아니군요.

─ 독서는 눈으로 하는 것이 아니다, 뇌로 하는 대화다

강 대표 책을 읽는 건 저자와의 만남이라고 하잖아요. 누가 홍 팀장
        님을 만나러 왔다고 해봐요. 그런데 대화를 시작한 지 1분
        도 안 되어서 다른 사람을 만나야 한다며 서두르면 어떨 것
        같아요?

홍 팀장 깊은 대화를 나누긴 어렵겠죠.

강 대표 맞아요. 중요한 이야기는커녕 형식적인 인사만 하고 헤어지
        겠지요. 독서도 마찬가지예요. 책을 읽을 때는 저자와 이야
        기를 하듯 읽어보세요. 만약 지금 이 자리에 피터 드러커와
        마주 앉아 이야기를 한다면 어떻게 하시겠어요?

홍 팀장 그런 세계적인 석학을 만날 수 있다면 있는 힘, 없는 힘 다
        짜내서 초집중을 하겠지요. 필기도 하고 녹음도 하고, 사진
        도 찍고요. 그날의 감동을 잊지 않기 위해 몇 번이고 되새겨
        볼 것 같네요.

강 대표 독서도 그런 거랍니다. 어떤 사람들은 시험 준비를 하듯 정
        보만 이해하려고 하지요. 저자의 생각이나 의도는 무시한
        채 자신이 원하는 것만 뽑아내려고 하고요. 이렇게 책을 읽

독서 효율성을 높이는 3분 스캔법

본격적으로 책을 읽기 전에 3분만 투자해서 핵심을 간파하자

으면 수박 겉핥기와 같아요.

3시간씩 책을 붙들고 있었는데 나중에 돌아보면 머리에 아무것도 남아 있지 않을 때가 있어요. 3시간을 버린 셈이 되는 거죠.

독서를 하면 왜 잡념이 많이 생길까요? 독서는 눈으로 하는 것이 아니라 뇌로 하는 겁니다. 나에게 꼭 필요한 것만 쏙쏙 뽑아 내 삶에 어떻게 적용할지 탐구하며 읽는 것과 빠르기에만 중독되어 스캔하듯 1시간에 1권을 뚝딱 읽어내는 것, 누구의 습득력이 높은 걸까요?

똑같이 1시간씩 읽어도 사람마다 책에 담겨 있는 것을 습득하는 수준은 달랐다. 누군가는 단순히 정보만을 얻고, 누군가는 정보와 더불어 인사이트를 얻고, 누군가는 삶의 소중한 지혜를 얻어서 자신의 삶에 적용했다. 독서에 투입한 시간의 양은 같지만 그 시간의 질에는 엄청난 차이가 있는 것이다.

홍 팀장은 지금껏 빨리, 많이 읽는 것이 더 좋다고만 생각했다. 물론 다독도 필요하다. 하지만 그저 도서 목록만 늘리는 독서가 무슨 의미가 있을까? 천 권, 만 권을 읽어도 눈으로만 읽고 자신의 것으로 소화하지 못했다면 그건 그냥 글자를 구경한 것에 지나지 않는 것이라고 강 대표는 강조했다.

'글자를 구경한 것에 지나지 않는다'는 말이 유난히 홍 팀장의 가슴에 파고들었다. 너무 피곤한 날은 책을 붙잡고 앉아 있긴 해도 그 냥 책장만 술술 넘기기도 했던 게 사실이다. 강 대표가 그런 자신을 보았을 리는 없지만 부끄러운 짓을 하다가 들킨 것처럼 민망했다.

강 대표 같은 시간을 투자해도 어떻게 읽느냐에 따라 효율성은 천차 만별이지요. 똑같이 1시간씩 독서를 해도 읽는 방식에 따라 결과는 크게 달라지거든요. 시간의 소중함을 안다는 건 이 런 겁니다. 내게 주어진 시간이 한정되어 있다는 것을 철저 하게 깨달을 것, 그리고 주어진 시간을 최대한 활용하는 방 법을 아는 것이지요.

홍 팀장 독서는 단순한 읽기 활동이 아니라 텍스트를 해석하는 것을 넘어 의미를 이해하고 사고하는 것이군요.

강 대표 말씀 그대로예요. 생각하는 힘을 키우는 독서는 굉장히 능 동적인 행위입니다. 독서에 익숙해지면 콘텐츠를 뽑아내는 능력이 생겨요. 예를 들면, 『논어』를 읽으면서도 기업의 경 영에 대한 영감을 떠올릴 수 있고, 노자를 통해 마케팅 전략 을 생각할 수도 있지요.

홍 팀장 동양 고전과 현대 경영이 어떤 관련이 있는지 지금 제 역량 으로는 감조차 잡을 수 없는데요, 저도 언젠가는 고전 속 지 혜와 지식을 업무에 활용할 수 있을까요?

강 대표 홍 팀장님뿐만 아니라 누구라도 가능합니다. 물론 천 리 길도 한 걸음부터 가야 하겠지만요. 중요한 건 재능이나 아이큐가 아니라 끈기니까요. 꾸준히 하는 사람을 당해낼 장사는 없습니다. 제가 바로 그 본보기인 걸요.

독서 수업 첫 시간에 강 대표가 했던 말이 생각났다. 지방대 출신에 입사시험 꼴찌였지만 그는 현재 한 회사의 대표로 수많은 사람들에게 독서경영을 전파하고 있었다. '누구나 가능하다'는 말은 결코 빈말이 아니었다. 그가 했다면 자신도 할 수 있지 않을까, 라고 홍 팀장은 결의를 되새겼다.

너무 큰 목표를 세우지 말라고 강 대표는 강조했다. 야구에 비유를 하자면 홈런에 욕심 내지 말고 착실하게 안타부터 치라는 것이었다. 일단 출루를 목표로 달리라는 것.

강 대표의 비유를 홍 팀장은 빨리 알아들었다. 독서습관을 들일 때 이미 확인한 적이 있기 때문이었다. 가장 쉬운 것부터 시작해서 성취를 하면 재미가 생겨서 그다음, 또 그다음 단계도 하게 된다. 처음부터 42.195킬로미터를 달리는 마라톤 완주가 목표인 것이 아니라 일단 눈앞에 보이는 50미터만 걷자고 생각했다.

실행력을 높이는
독서 솔루션 8

3분 만에 책을 간파하는 방법

시간이 없을 땐 후루룩 책을 파악하라

서점, 도서관에 가면 압도될 만큼 수많은 책이 책장 가득 꽂혀 있습니다. 모두 읽을 셈인가요? 어떤 책을 읽어야 할까요?

시간이 없을 때, 3분 만에 책을 간파하는 방법이 있습니다. 라면이 익는 시간 3분이면 책 한 권의 맥을 잡을 수 있습니다.

라면이 익는 시간 3분, 책 한 권을 간파하는 시간도 3분!

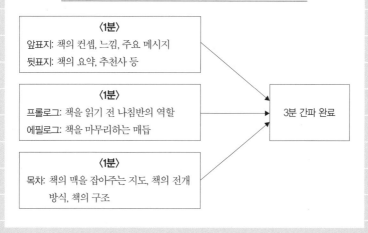

〈1분〉
앞표지: 책의 컨셉, 느낌, 주요 메시지
뒷표지: 책의 요약, 추천사 등

〈1분〉
프롤로그: 책을 읽기 전 나침반의 역할
에필로그: 책을 마무리하는 매듭

〈1분〉
목차: 책의 맥을 잡아주는 지도, 책의 전개
방식, 책의 구조

3분 간파 완료

귀 접기로 읽기 속도조절하기

앞서 중요한 부분을 귀 접기로 표시하는 방법을 배웠습니다. 귀 접기는 책을 간파하는 데도 활용할 수 있습니다.

나에게 도움이 될 만한 내용으로 기대되는 페이지를 찾아서 접어봅니다. 이때 선별기준은 호기심, 주제 관련성, 새로운 지식, 도표·사진·삽화 여부에 있습니다.

책 읽기 전 귀 접기에는 다음의 두 가지 방법이 있습니다.

1. 목차만 보고 접기: 목차를 보고 관심가는 내용의 페이지를 접습니다.
2. 본문 훑으면서 접기: 본문을 빠르게 훑어보면서 관심 가는 내용의 페이지를 접습니다.

본격적으로 책을 읽기 전에 귀 접기를 하면 귀퉁이를 접은 부분(중요하다고 판단한 부분)은 천천히 집중해서, 그렇지 않은 부분은 빠르게 훑어볼 수 있다는 점이 좋습니다. 뿐만 아니라 핵심 파악 능력을 향상시킬 수 있습니다. 귀퉁이를 접은 부분이 실제로도 중요한 부분인지 아닌지를 비교하면서 핵심 파악 훈련 및 능력이 향상될 수 있습니다.

읽지 않은 책에 대해서도 말할 수 있는 방법

책 뜯어보기, 어디에서 무엇을 얻어야 할까?

책 읽기 전에 책에 대한 정보를 미리 얻은 후 읽는 것이 좋습니다. 지식은 언제나 이미 알고 있는 것과 연결하는 경향이 있습니다. 앞서 공부한 변연계를 활용한 책 읽기를 떠올려봅시다. 변연계는 낯설고 복잡한 것에 불안감을 느끼고 새로운 정보를 기존 지식 안에 적절히 배열할 수 없을 때 부담과 짜증을 느끼지요. 사전에 배운 내용이거나 아는 것일 때 변연계가 피로감을 적게 느껴 종합적인 지식으로 이어지고 그럼으로써 독서는 더욱 흥미 있고 쉬운 행위가 됩니다.

그럼 어떻게 하면 책에 대한 사전 지식을 얻을 수 있을까요? 목차를 먼저 보다가 흥미가 있는 부분이 있다면 바로 펴서 읽는 것입니다. 책의 목차를 볼 때 분명 흥미 있는 제목이 있습니다. 더 나아가 견딜 수 없이 궁금해지는 경우도 있습니다. 이때에는 처음부터 그 부분까지 참으며 읽어야 하는 것일까요?

그럴 경우 호기심이 꺼지기 전에 그 부분을 먼저 읽어보는 것을 권장합니다. 궁금한 부분을 먼저 읽은 뒤 처음부터 다시 읽는 것은 독서에 흥미를 유발하며 책의 내용을 전체적으로 이해하는 데도 도움이 됩니다.

책 뜯어보기의 핵심

책의 표지	앞표지를 통해 책의 컨셉, 느낌을 예측할 수 있다. 뒷표지를 통해 책의 요점, 왜 이 책을 읽어야 하는지를 알 수 있다.
저자 소개 (앞쪽 책날개)	저자 프로필을 통해 저자의 전공/경력/관련저서/현재 종사하고 있는 분야 등을 알 수 있고, 이를 통해 앞으로 나올 전문용어나 핵심원리들을 예측할 수 있다.
책 목차	목차를 통해 책의 전개 방식/책의 구조/자신이 읽고 싶은 부분이 있는지 확인해볼 수 있다. 목차를 읽을 때 노하우와 방법이 있다면 각 목차의 제목들에 호기심을 가지고 질문을 하는 것이다.
프롤로그 (서문)	저자가 책을 쓰게 된 이유와 책을 읽을 때 중요시 해야 하는 부분, 컨셉 등을 알려주는 부분이다. 친절한 저자는 책의 구조를 설명하며 어떻게 읽어야 할지도 함께 알려준다.
에필로그	책의 마지막을 맨 먼저 보는 것이 도움이 될까? 도움이 된다. 에필로그는 책의 전체적인 중요한 부분을 재확인하며 개인적인 소감을 드러내는 경우가 많다. 이를 통해 책의 중요한 부분에 대하여 다시 잡을 수 있다.

12

아침 5시 독서의 기적,
3시간을 확보하라

― 머리가 맑아지는 아침 독서

강 대표의 멘토링도 마지막을 향해 가고 있었다. 한층 여유가 생긴 얼굴로 두 사람은 마주보았다. 홍 팀장은 새로 커피를 두 잔 시켰다. 갓 내린 따끈한 커피를 마시며 한숨 돌리려니 시간의 부드러운 결이 느껴졌다. 좋은 사람과 함께 있는 시간이 얼마나 소중한 것인지 새삼 느낄 수 있었다. 커피를 마시던 강 대표가 질문을 던졌다.

강 대표 홍 팀장님은 아침형 인간인가요? 올빼미형 인간인가요?
홍 팀장 음…… 그 어느 쪽도 아닌 어정쩡한 인간이에요.
　　　　밤늦게나 새벽에 정신이 깨어나는 타입은 아니지만 새벽에
　　　　일어나서 아침을 알차게 보내는 타입도 아니에요. 늦지 않

게 출근해서 제 시간에 일하는 정도죠.

강 대표 사람의 생체 리듬상 밤 11시에 취침을 해서 아침 5시에 일
어나는 것이 가장 좋다고 해요. 신체가 지닌 자연스러운 리
듬을 '서캐디언 리듬Circadian rhythm'이라고 하는데 이것이
깨지면 호르몬에도 불균형이 생겨 불면, 사고력 저하 등이
오기도 하지요. 하지만 하루에 8시간의 수면이 필요한 사람
도 있고 5~6시간이면 충분하다는 사람도 있으니 홍 팀장
님의 생체리듬을 먼저 파악해보세요. 저는 일단 아침 5시에
하루를 시작할 것을 권해드립니다.

홍 팀장 음…… 아침 5시라……. 술 마시고 5시에 귀가한 적은 종종
있었지만, 5시에 일어난 적은 군대 이후로…….

강 대표 아침 9시 출근일 경우 우리가 아침 5시에 일어난다면 적어
도 3시간을 확보할 수 있지요. 아침 1시간은 낮 시간의 3배
에 맞먹는 효율이 있다고 합니다. 그렇다면 아침 3시간은
9시간의 효율을 가지는 셈이지요. 근무 시간이 8시간이라고
했을 때 거의 하루를 사는 것과 동일한 시간을 확보하는 것
입니다. 이 시간에 우리가 독서에 투자한다면 인생에 어떤
일이 생길까요?

하루 3시간은 작은 시작, 작은 차이일지도 모릅니다. 하지만
지난번에도 말씀드렸듯이, 작은 차이를 만들고 그것을 꾸준
히 유지하는 것이야말로 성공의 비결이지요.

홍 팀장은 허둥지둥 9시까지 출근해서 일하는 자신과, 아침 5시에 일어나서 하루 업무시간에 맞먹는 3시간을 보내는 자신을 비교해보았다. 전혀 다른 사람처럼 느껴졌다. 당장 1년 후부터 엄청난 차이가 만들어질 것이 틀림없었다.

작은 차이를 만든다는 말은 정 이사를 떠올리게 했다. 자신이 알람시계를 끄고 이불 속으로 다시 들어갈 때 정 이사는 공원을 산책하며 하루를 설계할 터였다. 자신이 두 번째 알람시계를 끄며 지겨워할 때 정 이사는 가족과 아침식사를 하고 있을 터였다. 자신이 세 번째 알람시계를 끄고 겨우 일어나 치약을 짜고 있을 때 정 이사는 밝은 미소를 지으며 출근을 할 터였다. 자신이 콩나물 전철 속에서 땀을 흘릴 때 정 이사는 회사에서 스케줄을 챙기고 있을 터였다.

실제로 그 모습을 상상해보자 왜 정 이사가 인생의 승자처럼 보였는지 비로소 알 수 있었다. 홍 팀장에게 정 이사는 좋은 역할 모델이었다. 자신도 그렇게 되고 싶다고 생각하는 순간 의욕이 불끈 솟았다.

강 대표 하루 중 언제라도 독서를 위한 시간을 만들어두세요. 저는 이것을 '독서 블루존'이라고 부르지요. 독서 블루존은 아침, 점심, 저녁, 주말 등 언제든지 만들 수 있습니다. 주간계획을 세워 실행하면 더 좋고요.

아침 독서 블루존을 만들기 위해 『아침형 인간』을 읽어볼 것을 권합니다. 10여 년 전에 출간되어 일본의 아침을 바꾼 책이라고 평가되는 책이죠. 저자인 사이쇼 히로시稅所弘는 의사이자 독특한 강연자로 유명합니다.

아침 5시에 일어나는 일이 괴롭다면, 딱 1시간만 먼저 하루를 시작해보세요. 단지 아침에 1시간만 일찍 일어나 머리를 깨우는 독서를 해도 하루 1시간 독서를 누구나 할 수 있습니다.

강 대표가 이야기하는 독서 블루존을 만드는 방법은 이 외에도 많았다. 점심식사 후 15분을 이용하거나 퇴근 후 시간을 이용할 수도 있었다. 하지만 점심시간은 아무래도 자투리 시간으로 쪼개져서 효과가 떨어질 것 같았고, 퇴근 후엔 야근이나 약속 등으로 정기적으로 시간을 만들 자신이 없었다. 평일 스케줄과 달리 주말에 시간을 따로 내는 방법도 있었다. 주말 중 하루는 4~6시간 정도 집중적으로 전문 영역 책을 읽고 공부를 하는 것도 괜찮을 것 같았다.

시간을 만들려고 하면 얼마든지 만들 수 있었다. 지금까지 그냥 써버린 시간이 아까웠다. 그러나 이렇게 저렇게 따져도 아침 3시간을 만드는 게 가장 현실적이었다. 이미 하루 1시간 독서의 효과를 보기 시작한 터라 좀 더 적극적으로 책 읽는 시간을 만들어내고 싶었다. 하루에 3시간을 독서하는 데 쏟을 수 있다면 아닌 게 아니라 인생에 기적을 만들 수 있을지도 몰랐다.

하루를 두 배로 사는 독서 블루존 만들기

부담 없이 책을 펼쳐드는 독서 블루존은
머리를 환기시키고 하루의 생기를 북돋운다

지난번에도 그랬지만 오늘도 시간이 어떻게 지나갔는지 모를 만큼 순식간에 지나갔다. 매시간이 그야말로 '카이로스'의 시간이었다. 헤어지기 전에 강 대표와 오늘 나눈 이야기를 정리하고 다음 멘토링에 대한 이야기를 나누었다.

강 대표 시간관리에 대해선 수많은 이론이 있고, 테크닉도 다양합니다. 하지만 오늘 제가 해드린 말씀이 가장 실용적이고 효과가 확실한 방법입니다. 꾸준히 실천하셔서 홍 팀장님도 시간관리의 달인이 되셨으면 좋겠네요. 다음번엔 시간관리와 더불어 가장 중요한 성공의 원리인, 목표관리에 대해 말씀드리죠. 성공을 위해서 중요하지만 사람의 목숨을 건지기 위해서라도 꼭 필요한 것입니다.

홍 팀장 사람의 목숨을 건지는 목표관리요?

홍 팀장은 더 듣고 싶었지만 강 대표는 기대해도 좋다는 말을 남기고 자리에서 일어났다. 시계를 보자 끝내기로 약속한 시간에 딱 맞는 시각이었다.

독서 효과를 3배로 높이는 법

1. 리뷰Review: 빠르게 다시 읽기

책의 앞부분으로 돌아가 다시 책을 빠르게 훑어봅니다. 밑줄과 기록으로 남겼던 부분을 확인하는 것만으로도 내용이 생생하게 다시 떠오르는 것을 경험할 수 있습니다. 기억을 더 지속시키는 효과도 얻을 수 있습니다.

2. 초록: 필요한 내용 옮겨 적기

노트에 책의 내용을 옮겨 적습니다. 책을 보는 순간에는 문장이 절대 잊히지 않을 것처럼 강하게 와 닿아도 시간이 지나면 자연스럽게 잊어버립니다. 심지어 그 문장이 어디에 있었는지 찾지 못하는 경우도 있습니다. 기록으로 모아두지 않는다면 잃어버릴 가능성이 높습니다. 책을 읽고 난 뒤 일정한 시간을 내어 기록하는 습관을 만들어야 합니다. 그렇지 않으면 책을 읽어도 머릿속에서 순식간에 흩어지고 맙니다.

3. 산책: 책만큼 중요한 산책

책을 읽은 후엔 맑은 공기를 마시며 산책을 해봅니다. 내용들을 떠올리며 천천히 걷다 보면 내면에서 올라오는 생각들에 잠겨 깊이 있게 묵상을 할 수 있습니다.

중국의 유명한 정치가이자 학자인 구양수는 삼다三多를 말했습니다. 다독多讀, 다작多作, 다상량多商量이지요. 많이 읽고, 많이 쓰고, 많이 생각하라는 뜻인데 그만큼 책을 읽은 후엔 생각하는 시간이 중요합니다.

4. 평가: 분류하기

책을 읽고 난 후 책에 점수를 매겨봅시다. 자신만의 기준으로 평가해봅니다. 평가를 많이 할수록 자신만의 평가기준이 생기고 좋은 책에 대한 관점이 생깁니다.

이와 동시에 책을 자신만의 방법으로 분류해봅니다. 경영, 마케팅, 교육, 자기계발, 건강, 취미 등 분류를 하며 자신의 서재를 채워나간다면 균형 있는 독서를 하게 됩니다.

5. 책을 읽고 난 후 핵심 키워드 3개 뽑아보기

책을 읽고 난 후 자신이 생각하는 이 책의 핵심 키워드 3개를 뽑아 봅니다. 그리고 책을 읽기 전에 뽑아보았던 핵심 키워드 3개와 비교하고 평가해봅니다. 이 책을 읽기 전의 생각과 이 책을 읽고 난 후의 핵심 키워드에 변화가 있는지 평가, 검토해봅니다. 그 책에서 내 삶에 적용시켜야 할 핵심 3가지는 무엇인가요?

(예) 『트리거』를 다 읽고 난 후 뽑아본 홍 팀장의 핵심 키워드 3개

질문   행동 변화   지속 가능성

4부

매일 생존력을 키우는
목표관리 독서법

01

긍정의 힘을 기르는
하루 목표관리

― 긍정의 스위치를 켜라

홍 팀장은 찜찜한 기분으로 눈을 떴다. 아무래도 기획안이 잘 풀리지 않아서였다. 서 대리와 늦게까지 검토를 했지만 달리 뾰족한 수가 떠오르지 않았다. 프레젠테이션 기일은 코앞으로 닥쳐왔는데 가장 중요한 핵심을 찾고 있지 못하니 난감했다. 그래서 더욱 오늘 강 대표와의 만남을 기다렸다. 오늘은 사람을 살리는 목표관리에 대해 배우기로 했다. 아닌 게 아니라 당장 나를 살리는 목표관리가 절실한 상황이다. 뭐가 됐든 강 대표에게서 실마리를 얻을 수 있을 거라는 기대감으로 약속장소인 카페로 갔다. 강 대표는 예의 그 '굿모닝'을 외치며 앉아 있었다.

홍 팀장 아침이든 오후든 상관없이 항상 인사는 굿모닝으로 하시던데, 이유가 있으세요?

강 대표 하하하. 좋잖아요. 굿모닝. 기업에서 일할 무렵 저도 제 상사였던 분에게 배운 거예요. 그분은 아침, 점심, 저녁 가리지 않고 만나면 언제 어느 때, 어느 장소에서든 환하게 웃는 얼굴로 굿모닝이라고 하셨죠.

신기한 건 굿모닝이라고 말해보면 꼬여 있던 상황에서 기분 전환이 되어 문제를 바라보는 관점이 바뀌곤 한다는 거예요. 말 한마디로. 신기하죠? 관점이 바뀌면 안개가 걷힌 듯 눈앞이 밝아지고 제가 어디에 서 있는지, 어디로 가야할지, 지금 해야 할 일은 무엇이고, 중요하지 않은 일은 무엇인지 선명하게 보이죠. 덕분에 우리 팀은 목표를 관리하고 성과를 내는 데 독보적이었죠.

상황 자체보다 상황을 어떤 시각으로 바라보느냐가 더 중요한 일이었다. 누구나 환경의 영향을 받지만 안 좋은 일이 생길 때마다 환경 탓을 할 수는 없었다. 조직에서도 시시때때로 변하는 외부 요소를 어떻게 인식하고 대처하느냐에 따라 성과가 크게 달라졌다. 홍 팀장은 다시 한 번 팀장으로서 자신은 어떤 태도를 보이고 있었는지 돌이켜보았다.

굿모닝이라는 인사말에는 어려워도 버티고, 넘어져도 다시 일어나고, 어두운 밤일지라도 아침은 반드시 온다고 믿는 긍정의 힘이 있었다. 굿모닝이라 말하며 마음 속 긍정의 스위치를 켜는 것이었다.

홍 팀장 저도 그렇게 마음 속 긍정의 스위치를 켜고 싶네요.

강 대표 쉬워요. 지금 당장 굿모닝이라고 말해보세요.

홍 팀장 굿…… 모닝. 하하…… 참.

강 대표 어떤 것이든 좋아요. 어깨를 토닥여도 좋고, 굿모닝이라고 인사를 해도 좋고, 화이팅 홍 팀장이라고 외쳐도 좋아요. 어떤 것이든 자신의 마음 안에 있는 긍정의 스위치를 켜는 방법을 하나 만들어두세요. 틀림없이 도움이 되니까요.

─ 목숨을 좌우하는 목표관리

홍 팀장 아까 말씀 중에 강 대표님이 몸담고 있던 팀이 목표를 관리하고 달성하는 일엔 독보적이라고 하셨잖아요. 무슨 비결이라도 있으셨나요?

강 대표 오늘 나눌 이야기의 주제가 바로 그겁니다. 긍정적인 마음이 꼭 필요한 일이기도 하지요. 마침 홍 팀장님께서 좋은 질문으로 물꼬를 터주셨네요.

홍 팀장 저도 질문의 질이 점점 나아지고 있지요?

강 대표 네. 말씀드린 대로 이번 시간엔 목표관리에 대한 이야기를 하겠습니다. 우리 인생에서 목표를 갖는 게 왜 중요한지, 업무에 왜 목표가 필요한지, 독서와 어떻게 연관시킬 수 있는지 말이에요. 성공하는 법을 알려주는 수많은 책들은 하나같이 시간관리와 목표관리를 중요하게 꼽고 있어요. 어떤 책도 이 두 가지를 빼놓고 성공을 말하진 않지요.

홍 팀장 그만큼 중요하다는 뜻이겠죠?

강 대표 물론이죠. 성공을 원한다면 시간관리와 목표관리 부분은 정면 돌파해서 반드시 내 것을 만들어야 해요. 지난번에 제가 시간관리가 가장 기초적이면서도 중요한 것이라고 말씀드렸지요?

홍 팀장 네. 저도 덕분에 효율성이 높아졌어요.

강 대표 다행이네요. 그런데 시간관리를 잘 못하면 어떤 일이 생길까요?

홍 팀장 더 높일 수 있는 효율성이나 성과를 놓치는 아쉬움이 생기겠죠. 그리고 욕을 좀 먹을 거고…….

강 대표 하하하. 그래요, 시간관리가 핵심이긴 하지만 그건 욕을 좀 먹는 문제로 끝날 수 있어요. 하지만 목표관리를 잘못하면 생명이 왔다 갔다 할 수도 있습니다.

홍 팀장 목표관리 하나로 무슨 목숨까지…….

강 대표 너무 과장 아닌가 싶으시죠? 그것에 관해서는 차차 말씀드리겠습니다. 많은 사람들이 목표관리에 대한 이야기를 합니다. 또 나름대로 설명도 하고 있지요.

그런데 목표관리의 진짜 핵심은 무엇일까요?

홍 팀장 진짜 핵심이라 하시면…….

02

목표가 분명한 1권 독서,
100권 다독 부럽지 않다

— 1달 1권 읽던 당신, 1년 50권 프로젝트부터!

강 대표 홍 팀장님은 독서를 할 때 목표를 분명하게 세우고 읽으시
나요?

홍 팀장 네. 제 나름대로는 목표를 세우죠.

강 대표 좋군요. 어떤 목표를 갖고 있나요?

홍 팀장 말씀해주신 대로 1일 1시간 독서가 목표예요. 1주일 1권 독
서를 위해 시간을 배치하려고 노력하고 있고요. 일단 이제
시작했으니, 첫해는 1년에 50권을 읽는 것을 목표로 삼으려
고요. 그래서 주신 도서목록을 분기별로 나누고 그것을 다
시 한 달마다 체크를 하려고 계획을 세우고 있습니다.

강 대표 훌륭하시네요. 장기·중기·단기 목표를 잘 세우셨어요.

50권을 읽는 게 수월해지면 나중엔 100권으로 목표를 상향조정해보세요. 그런데 가시적으로 목표를 세우니까 어떠세요?

홍 팀장 실행하는 힘이 생기더군요. 예전에는 막연하게 책을 읽어야지, 이렇게만 생각했는데 분명한 목표를 갖고 나니까 추진력이 생기고, 중간에 조금 흐트러져도 다시 심기일전하게 되고요.

강 대표 네. 그것이 바로 목표가 우리에게 주는 힘이죠. 그럼 한 권의 책을 읽을 땐 어떤 목표를 세우시나요?

홍 팀장 끝까지 읽는 것. 그리고 책에서 발견하고 느낀 것을 현실에 한 가지씩 적용해보는 것. 우선은 이 두 가지를 목표로 하고 있습니다.

강 대표 좋아요. 아주 좋습니다.

강 대표는 연신 칭찬을 했다. 강 대표의 솔루션을 그대로 따라한 것뿐인데 이렇게까지 칭찬을 받으니 기분이 좋았다. 앞으로도 꾸준히 독서를 해야겠다는 동기부여가 확실히 되었다.

'아, 그러고 보니 내가 서 대리한테는 칭찬에 너무 인색했나?'

홍 팀장은 시간이 지날수록 흙빛으로 변해가던 서 대리의 얼굴이 생각났다. 어쨌거나 프로젝트는 팀장인 자신의 책임 아래 진행되는 일인데 능력을 키운다는 명목으로 너무 과다한 책임을 지게 한 건 아닌지, 그리고 몰아세우기만 한 건 아닌지 되돌아보게 되었다.

'월요일에 출근하면 지금까지 과정에서 잘한 것을 칭찬해주고 다시 처음부터 검토해보자고 격려해주자.'

이렇게 생각하자 무겁게 짓눌리고 있던 마음이 한결 가벼워졌다. 복잡했던 마음을 비우자 강 대표의 이야기가 귀에 쏙쏙 들어오기 시작했다.

─ 정독의 지옥에서 벗어나라

강 대표 내가 이 책에서 무엇을 얻을 것인지, 목표를 분명히 하고 읽는다면 1권을 읽어도 100권의 다독보다 효과적인 독서입니다.

책을 처음부터 끝까지 차근차근 읽어야 한다는 강박관념에 사로잡힐 필요는 없습니다. 핵심주제와 주요 내용을 파악해서 그것을 기존의 지식과 연결시켜야 자신만의 인사이트가 생깁니다.

홍 팀장 구체적으로 실행할 수 있는 방법이 있는지 알려주세요.

강 대표 목차와 제목을 훑어보면서 내용을 유추해보세요. 목차를 통해 중요한 내용을 확인한 후 본문을 읽는 것이죠. 이때 책 제목은 독서의 목표와 큰 연관성이 있습니다. 대부분 책의

핵심만 추려내 인사이트로 만들어라

정독의 강박에서 벗어나라
핵심 내용을 기존의 지식과 연결시켜서
자신만의 인사이트를 만들어라

핵심은 제목에 드러나니까요. 책을 읽다 보면 제목을 기가 막히게 뽑은 것이 있고, 이게 뭔지 잘 이해가 안 되는 것도 있습니다. 제목과 목차를 잘 정리하는 사람은 핵심을 파악하는 능력이 뛰어난 사람이지요. 그리고 그 능력은 목표를 분명히 알고 있을 때 발휘되는 것이고요.

홍 팀장은 지금까지 읽었던 책의 제목들을 떠올려보았다. 그러고 보니 필요한 분야의 책을 찾을 때 제목과 목차를 보고 결정한 적이 많았다. 시선을 확 끄는 책들은 제목부터 남달랐다. 그때였다. 불현듯 막혀 있던 생각이 뚫리면서 산으로 가기 시작한 기획안이 떠올랐다.

'그래, 시선을 끌려면 무엇보다 이쪽에서 먼저 목표를 뚜렷하게 해야 하는 법이지!'

목표가 뚜렷하게 드러나지 않았던 것이 가장 큰 실패요인이었다. 이렇게 중요한 것을 놓치고 있었다니 스스로 생각해도 어이가 없었다. 숲을 못 보고 나무만 보고 있었던 탓이리라. 가야 할 길을 어떻게 찾을 수 있을지 희미한 빛을 발견한 듯했다.

홍 팀장이 독서 멘토링에 점점 열의를 보이는 이유도 여기에 있었다. 강 대표의 말은 분명 독서에 대한 것이었지만 현재 자신이 처한 문제를 해결할 수 있는 열쇠를 건네받은 기분이 들곤 했던 것이다. 그래서 강 대표가 이어서 하는 말에 공감할 수밖에 없었다.

220

강 대표 무엇보다 중요한 것은 책을 읽은 후 무엇을 자신의 삶에 적
용해 실행할지 결정하는 것입니다. 책에 나오는 내용 중 나
에게 도움이 되는 부분만 뽑아 10%라도 내 삶에 적용하는
것이 책을 100% 읽는 것보다 훨씬 낫기 때문이지요.

결국 독서의 궁극적 목표는 실행이었다. 사람마다 책을 통해 얻
는 것은 다를 터였다. 책에서 인사이트를 구하는 사람도 있었고, 복
잡한 현실의 문제를 어떻게 풀지 실마리를 찾는 사람도 있었다. 반
면 책을 읽어도 삶이 전혀 변하지 않는 사람도 있었다. 책은 누구든
지 읽을 수 있었지만 그것을 살아 있는 독서로 만드는 것은 온전히
읽는 자의 몫이었다.

목표가 분명하다면 1만 권도 가뿐하다

독서목표가 필요한 이유

독서를 시작한다면 목표를 세우고 시작해야 합니다. 독서의 목적에 맞게 독서의 목표가 설정되는 것은 변화하고 성장하는 나침반이 되어줍니다. 목표를 설정할 때는 자신의 수준보다 조금 높게 잡을 것을 권장합니다.

평생의 독서목표를 설정하고, 이를 실행할 때는 연간 목표, 월간목표, 주간목표로 연결 시켜야 합니다. 그것이 독서목표의 핵심입니다. 예를 들어 만약 평생 3000권을 잡고 앞으로 책을 읽을 수 있는 시간이 60년이 남았다면 매년 50권, 매월 4권을 읽는 것입니다. 3000권이라는 숫자는 어마어마하게 크게 느껴지지만 매주 1권씩의 책을 읽는 습관은 실행 가능합니다.

쓰는 다이어리가 있다면 주간관리의 오른편 상단에 읽을 책을 기록하며 꾸준히 기록하고 실행해보세요. 목표를 작게 쪼개어 실천하는 것이 목표를 실행하는 첫걸음입니다. 경영, 전략, 마케팅, 리더십, 자기계발 등 한쪽 분야에만 치우치지 않은 자신만의 서가를 만드세요. 나의 인생에 교훈을 준 영역별 별표 5개의 책들을 꽂아두세요. 평생의 보물이 됩니다.

서재, '현재 책장'과 '미래 책장'으로 나누자

한쪽 분야에만 치우치지 않는 자신만의 서재를 만들었다면, 한 걸음 더 발전시켜봅니다.

'현재 책장'과 '미래 책장'으로 나누어 책을 분류해봅시다. 현재 책장에는 현 팀장급 업무와 자기계발에 맞는 책으로 구성합니다. 그리고 미래 책장에는 수준 높은 대화가 필요할 때 읽는 책, CEO 등 중책의 자리와 깊이를 헤아려보는 책, 경영 재무 등 미래를 대비한 책들로 구성을 합니다.

두 책장 사이를 오가며 현재의 나와 미래의 나 사이에 발전을 꾀할 수 있습니다. 이 외에도 자신만의 책장을 확장, 분류해볼 수 있습니다.

03

성과에 집중하는 사람은
어떻게 읽는가

─ 목표 없는 독서는 장님 코끼리 만지기

강 대표 이야기 하나를 들려드릴까요? 스위스에서 실제로 있었던 일이에요. 알프스 산에서 길을 잃은 한 남자가 있었답니다. 무려 13일간을 헤매다가 거의 죽기 직전에 간신히 구출되었죠. 나중에 인터뷰를 하다가 흥미로운 사실을 발견하게 됐어요. 그는 산에서 벗어나기 위해 매일 12시간씩이나 걸어 다녔다고 해요. 결과적으로 2~3일이면 빠져나갈 수 있는 거리를 반경 6킬로미터 안에서 13일씩이나 갇혀 있었던 거예요. 눈 덮인 산에서 시야를 확보하기 어려워 방향감각을 잃었던 탓이죠. 이런 걸 '원형방황'이라고 해요.

홍 팀장 실제로 사람이 눈을 가린 상태에서 똑바로 가는 것은 불가능하다고 하더라고요. 일반적으로 20미터를 걸으면 4미터의 편차가 나고, 100미터를 걸으면 뱅뱅 돈다고 해요.

강 대표 만약 그가 밤에 별자리를 보고 한 방향으로 걸었으면 어땠을까요?

홍 팀장 훨씬 더 일찍 길을 찾을 수도 있었겠죠?

강 대표 반대로 그가 한 달 넘게 발견되지 못했으면 어땠을까요?

홍 팀장 ……살아서 가족을 보지 못했겠죠.

강 대표 목표가 없는 인생은 원형방황과 같습니다. 업무에서도 마찬가지죠. 우리들은 일반적으로 빨리 도달하는 것에만 관심을 가집니다. 빠른 승진, 빠른 업무 속도, 빠른 관계 맺기, 빠른 독서 등 빠르게 뭔가를 얻으려고 하죠. 그리고 아낌없이 노력을 합니다.

하지만 빠르게 도달하는 것보다 훨씬 중요한 것은 올바른 목적지에 도달하는 게 아닐까요? 방향이 우선이고, 속도는 그다음이라는 말이죠.

오래 전 사람들에게 회자되었던 농담이 생각났다. 열심히 산을 올랐는데 리더가 외친다.

"이 산이 아닌가벼!"

무능한 리더를 비웃는 말로 자주 쓰이곤 했다. 삽질하게 만드는 일이 얼마나 사람을 기운 빠지게 하는지 홍 팀장도 알고 있었다. 수 없이 많은 보고서를 다시 써야 했던 시절, 자신이 부족한 탓도 있었지만 정확히 방향을 설정하지 못했던 상사들의 잘못도 있었다. 그 순간, 절대로 팀원들을 뻘짓하게 만드는 상사는 되지 말자고 결심하곤 했다. 하지만 지금 사신 또한 "이 산이 아닌가벼!"라고 외치는 상사는 아닌지, 알 수 없는 노릇이었다.

홍 팀장은 부끄러운 마음이 들었다. 목표를 정확하게 알고 팀원들을 이끄는 일이 얼마나 중요한 일인지 깨달았다. 서 대리와 그동안 겪었던 갈등도 두 사람의 성격 차이나 업무 스타일의 차이에서 오는 것이라고 생각했다.

'그런데 정말 그랬을까? 내가 서 대리에게 정확한 목표와 방향을 가리켜주지 못해서가 아니었을까?'

팀장으로서 제대로 된 목표를 설정하고 관리하지 못해놓고선, 빨리 하지 못한다고 채근하기만 했다. 뒤통수를 한 대 맞은 기분이 들었다. 할 말을 잃고 창밖만 바라보았다. 사람들은 모두 다른 방향으로 제각각 가고 있었다. 각자 자신이 갈 방향이 어딘지 명확하게 알고 있는 것처럼 보였다. 잠시 후 강 대표가 다시 말을 이었다.

― 독서에 나침반을 달아라

강 대표 해적선이나 무역선이나 바쁜 것은 똑같습니다. 그런데 다른 점은 무엇일까요?

홍 팀장 목적이 다르죠.

강 대표 맞아요. 방향이 다른 셈이죠. 홍 팀장님이라면 해적선을 타시겠어요? 무역선을 타시겠어요?

한 가지 실험을 해볼까요? 눈을 감고 손가락으로 북쪽을 가리켜보세요.

홍 팀장은 순순히 눈을 감고 북쪽이라고 생각되는 곳을 향해 손가락을 가리켰다. 찰칵, 사진 찍는 소리가 들렸다. 강 대표는 홍 팀장에게 같은 행동을 3번 반복하게 했다. 그때마다 사진을 찍었다. 강 대표는 눈을 뜨라고 한 후 휴대폰 속의 사진을 내밀었다.

그런데 결과가 이상했다. 앉은 자리에서 손을 들어 같은 곳을 가리켰다고 믿어 의심치 않았다. 하지만 결과는 예상과는 정반대였다. 몸을 비튼 것도 아니고, 자리에서 일어났던 것도 아니고, 앞에 장애물이 있었던 것도 아닌데, 세 장의 사진 속에 찍힌 홍 팀장은 조금씩 다른 곳을 가리키고 있었다.

몇 번을 들여다봐도 마찬가지였다. 사진 속의 자신은 눈을 감은 채 다른 방향을 향해 손가락을 뻗고 있었다. 심지어 이게 전부 북쪽이라고 당당하게 가리키듯 말이다.

홍 팀장 아니…… 전 정말로 같은 곳을 가리켰는데.

한 권의 책에서 반짝이는 가능성을 발견하라

목적이 분명한 독서를 하면 책이라는 망망대해에서
가능성이라는 금덩어리를 발견할 수 있다

강 대표 만약 한 나라의 지도자가 방향을 잘못 가리킨다면 어떻게 될까요?

홍 팀장 국민들이 말도 못할 고생을 하겠죠.

강 대표 팀장이 잘못된 방향을 가리킨다면요?

홍 팀장 팀원들이…… 개고생을 하죠.

강 대표 팀장은 한 배의 선장이에요. 선원들은 선장을 믿고 따릅니다. 선원들은 팀장의 손끝을 바라보고 있습니다. 망망대해, 가능성의 바다에서 어디로 흘러가 금덩어리를 발견할지는 팀장의 손에 달렸다 이 말입니다.

책을 읽고 현실에 적용할 때도 같은 문제가 발생하게 됩니다. 목표를 분명히 하지 않으면 독서 자체가 무의미해질 수 있어요.

홍 팀장 빨리 가는 것보다 제대로 가는 게 중요하듯, 단지 많이 읽는 게 중요한 게 아니라는 말씀이군요.

강 대표 그렇죠. 한 권의 책을 손에 쥐고 읽었다면 당신이 그 책의 주인이 되어야 합니다. 저자의 언어를 자신의 언어로 바꾸어 자신의 행동으로 실천할 수 있어야 하는 겁니다.

책이라는 망망대해에서 가능성이라는 금덩어리를 발견하는 건 오로지 당신에게 달렸습니다. 책에 나침반을 다세요. 그리고 방향이 분명한 독서를 하세요.

책을 많이 읽었다고 자랑하면서도 자신의 삶을 변화시키지 못하는 사람들은 정말 많습니다. 그건 지갑에는 땡전 한 푼 없으면서 명품 가방을 들었다고 과시하는 것과 다를 게 없어요. 우리가 독서를 하는 목표는 업무 성과를 올리고 자기 경영을 이루어 삶에 변화를 가져오는 것이에요. 목표가 분명하지 않은 독서, 즉 그냥 눈으로 글자만 읽고 끝없이 생각의 꼬리를 따라 헤매는 독서는 알프스에서 조난당하는 일과 다를 게 없죠.

04

수많은 책 속에서
방황하지 않으려면

─ 팀장 이후, 중장기 목표는 무엇인가?

강 대표의 말은 목적이 분명했고, 가고자 하는 방향이 뚜렷했다. 홍 팀장은 말을 하다 보면 삼천포로 빠져서 무슨 말을 하려고 했는지 잊을 때가 종종 있는데 강 대표는 한 번도 그런 적이 없었다.

하던 이야기와 전혀 다른 말을 꺼내도 목표는 한결 같았다. 전혀 다른 주제에서 시작해도 결국엔 도달하고자 하는 목적을 이루었다. 그 결과 홍 팀장도 강 대표의 말에 점점 더 귀 기울일 수 있었다. 독서를 많이 한 사람만이 가지는 힘이었다.

강 대표 암에 걸린 환자들을 본 적 있나요?

홍 팀장 몇 년 전에 아버지께서 위암을 앓으셨어요. 다행히 완치되

셨지만요.

강 대표 힘든 시간을 겪으셨네요. 나으셨다니 정말 다행입니다.

홍 팀장 건장한 체구셨는데 살도 많이 빠지고 무엇보다 마음이 약해
지는 것을 옆에서 바라보는 것은 괴로운 일이었어요. 치료
하는 내내 암이 얼마나 무서운 병인지 절감했죠.

강 대표 치료법이 많이 좋아졌다고는 하지만 암은 무서운 병이죠.
그런데 정신적인 암도 있습니다.

홍 팀장 정신적인 암이요?

강 대표 네. 우리가 몸담고 있는 비즈니스 현장에 목표가 없는 것, 그
런 경우가 정신적인 암에 걸린 것과 같아요. 어떤 면에선 육
체적 암보다 정신적 암이 더 무서울 수도 있어요.
하버드 대학교에서는 독특한 낙제생 제도를 운영하고 있습
니다. 몇 년 전인가, 10명의 학생이 낙제를 했는데 그중 9명
이 한국 학생이었다고 해요. 한번 상상해보세요. 세계 최고
의 대학 하버드입니다. 우리나라 명문고 내에서 1%에 들
정도로 난다 긴다 하는 최고의 수재들도 입학하기 쉽지 않
죠. 그런데 낙제생의 90%가 우리나라 학생들이었다는 겁니
다. 지금도 낙제생 중에는 우리나라 학생의 비율이 높다고
합니다.

홍 팀장 왜 그런 일이……. 교육환경은 한국이 더 열악하지 않아요?
여기서도 잘해낸 애들이 왜 그 좋은 미국 하버드에서 낙제

를 당하나요?

강 대표 안 그래도 이런 사실을 이상하게 여긴 교수들이 9명의 학생들과 면담을 했다고 합니다. 그리고 공통점을 알아냈죠. 그게 뭐였을 것 같아요?

홍 팀장 향수병? 아니면 이방인으로써 견디기 힘든 인종차별 같은 거였나요?

강 대표 하하하. 아니요. 9명의 학생들은 인생의 중장기 목표가 하나도 없었다고 합니다. 그때까지 인생의 목표는 오직 하버드 합격, 하버드 합격, 하버드 합격뿐이었던 거지요.

입이 떡 벌어졌다. 어떤 학교에 입학하는 것은 물론 일시적인 목표가 될 수 있었다. 자신도 지금 회사에 입사하기 전에는 오직 입사가 목표였다. 그러나 입사 후에는 성과달성이라든가, 승진이라든가, 프로젝트 성공이라든가 다른 목표가 생기기 마련이었다. 그런데 왜 그들은 이후의 목표를 찾지 못했던 것일까?

하지만 홍 팀장은 자신도 그들과 크게 다를 바가 없다는 생각이 들었다. 팀장이 되기 전에는 팀장이 되는 것이 목표였다. 팀장이 된 후에는 좋은 팀장이 되어 팀원들의 역할 모델이 되고 팀 프로젝트를 성공시키고, 성과를 만들고, 업무 효능을 올리는 것을 목표로 삼았다.

'그런데 이것을 이룬 후에는? 무엇을 하는 것, 무엇이 되는 것이

정말 목표가 될 수 있을까?'

머릿속이 혼란스러웠다. 목표를 향해 열심히 달려간다고 생각했는데 정작 그 목표가 무엇인지, 안갯속에 가려진 듯 정체가 모호해지는 것 같았다. 2004년을 떠들썩하게 했던 한 사건이 떠올랐다. 수능 1교시를 망친 학생이 옥상에 올라가 투신자살을 한 일이었다. 목표는 오직 수능을 잘 보는 것이었는데 1교시를 망치자 인생이 끝장난 것처럼 여겼을지도 모를 일이다. 그 속사정이야 자세히 알 수 없었지만 그 절망감만큼은 생생하게 다가왔다. 다음에도 기회가 있는데 그걸로 끝낸 것이 너무나 안타까웠다.

그러나 이건 정말 남의 이야기만이 아니었다. 우리의 조카, 우리의 아이들 이야기였다. 왜 목표가 없거나 잘못 되면 사람 목숨이 왔다 갔다 할 수 있다고 했는지, 홍 팀장은 이제야 그 뜻을 절감했다.

홍 팀장은 개인의 역사, 회사의 역사, 그리고 대한민국의 역사를 떠올려보았다. 잘못된 목표를 설정했거나 목표가 아예 없었을 때 치루지 않아도 되는 대가를 얼마나 치렀던가. 때로는 죄 없는 생명 값을 치러야 할 때도 있었다. 섬뜩하고 무서운 이야기였다.

05

독서에 탄력이 붙는
스마트S.M.A.R.T의 법칙

— 3% 인재의 시작은 한 자루 연필과 종이에서

강 대표는 잠시 창밖을 바라보았다. 햇빛이 쏟아지는 오후의 거리
에서 사람들이 산책을 하고 있었다. 손을 잡고 걷는 연인도 있었고,
아이와 함께 나온 젊은 부부의 모습도 보였다. 지긋한 노부부가 다
정하게 걸어가는 것을 보던 강 대표가 말을 시작했다.

강 대표 사람들은 모두 평등한 것 같은데 왜 누군가는 원하는 삶을
살고, 누군가는 그렇지 못할까요? 저는 아주 오래 전부터 이
문제를 궁금해했습니다. 그래서 수없이 많은 책들을 읽었지
요. 그랬더니 공통적인 흐름이 하나 있더군요.
강 대표가 냅킨에 커다랗게 숫자 3을 하나 썼다.

홍 팀장 3이 무슨 관련이 있나요?

강 대표 성공한 3%라는 말이 있지요. 어느 조직, 어느 그룹을 살펴봐도 성공한 사람들은 3%에 불과합니다. 심지어 생태계에서도 나비가 알을 낳고 애벌레가 되어서 번데기의 시간을 견뎌 나비가 될 확률은 3%라고 하지요. 1953년 예일대학교 졸업생들의 20년 후를 살펴본 연구에서 졸업생들 중 3%는 리더의 삶을 살고 있었고 나머지는 평범하게, 27%는 남에게 의존하며 살고 있었다고 합니다.

홍 팀장 도대체 왜 그런 일이 벌어질까요?

강 대표 전문가들이 이 3%의 사람들을 집중적으로 연구했습니다. 부모의 경제력, 인종, 성별 등 다양한 관점에서 차이를 연구했죠. 하지만 처음엔 이유를 알 수 없었다고 해요. 그래도 그들은 포기하지 않고 지속적으로 연구를 했지요. 그러다가 마침내 그 차이를 알아냈어요.

홍 팀장 3%의 사람들이 가졌던 특별함이 뭐였나요?

강 대표 성공한 3%는 '종이 위에 적은 나만의 목표'를 갖고 있었다고 합니다.

홍 팀장 종이 위에 적은 목표요? 고작 종이 위에 적은 것이라니……. 진짜 그게 다인가요?

상위 3%가 된 사람들의 비밀이라면 좀 더 대단한 것일 거라고 생각했다. 굉장한 지능이라던가, 탁월한 안목이라던가, 풍부한 상상력이라든가, 히어로의 특수한 능력까지는 아니더라도 좀 더 그럴싸하고, 좀 더 놀랄 만한 어떤 것이어야 했다. 그것도 아니면 최소한 숨겨진 금수저 출신이었다든가 하는 비하인드 스토리 내지 오프 더 레코드 같은 이야기 말이다. 그런데 고작 '종이 위에 적은 목표'라니, 힘이 빠지는 이야기이지 않는가.

3%에 속한다는 건 엄청난 일이다. 세상의 리더에 속하는 숫자다. 그런데 그게 단지 종이 위에 목표를 쓰면 이뤄진다니, 그렇다면 누구나 3%가 될 수 있다는 말이었다.

홍 팀장은 지난번 기록관리에 대한 것을 배울 때 종이 위에 쓰면 기적이 이뤄진다는 것을 들어서 알고 있었다. 그래서 자신도 부지런히 기록을 하고 있는 중이었다. 실제로 목표를 달성하기도 했다. 하지만 상위 3%의 사람이 되는 건 전혀 다른 문제가 아니던가.

강 대표 누구나 될 수 있는 것이기에 의미 있는 것이지요. 그렇지 않다면 우리가 굳이 이것을 배울 필요가 없으니까요.

타고난 사람들이 3%에 속하는 것이 아니에요. 특별한 재능만으로 3%에 들 수는 없지요. 스티브 잡스가 태어난 지 한 달 만에 파양이 되었을 때 그의 생모와 양부모는 그가 나중에 애플이라는 대제국을 이끌 것이라는 것을 알았을까요?

스티브 잡스도 갓 태어났을 땐 평범한 아이였을 것이다. 다른 아이들과 똑같이 배고프면 울었고, 누군가 똥 싼 기저귀를 갈아줘야 했으며, 졸리면 잠을 자는 일을 하루 종일 반복했을 것이다. 출발점은 크게 다르지 않았다. 심지어 다른 아이들보다 더 열악했을 수도 있다. 그런데 그는 3%가 아니라 심지어 0.1%가 되었다.

'도대체 어떻게 그럴 수 있었을까?'

홍 팀장은 새롭게 질문을 던져보았다. 실제로 종이 위에 목표를 적은 사람들이 모두 3%가 되었는지는 모르지만, 어쨌든 3%에 속하는 사람들은 모두 종이 위에 적은 목표를 가지고 있었다니 말이다.

홍 팀장 목표를 세우고 관리하는 것이 얼마나 중요한지 잘 알겠어요. 종이에 쓰는 이유도 시각적으로 명문화해서 의식에 각인시키기 위한 것일 테고요. 그럼 어떻게 하면 목표를 이룰 수 있을까요?

강 대표 독서를 통해 목표관리 습관을 기를 수 있습니다. 홍 팀장님도 이미 하고 계신 것처럼 책을 읽을 때 목표를 갖고 있으시죠? 책 한 권을 읽을 때도 허투루 대하지 않는 마음가짐이요. 왜 그런 마음이 들었을까요?

홍 팀장 독서가 제 일과 삶에 큰 영향을 미칠 만큼 중요하니까요. 책을 읽기 전엔 제 입에서 이런 말이 나올 것이라곤 상상도 하지 못했어요. 인생도 일도 관계도 엉망진창이라고 생각했던 때에 기적처럼 강 대표님과 독서를 만나서 지금 이렇게 변화를 맞고 있으니, 참 알 수 없는 인생이네요.

― 제대로 읽는 법, 결과 중심으로 사고하라

강 대표 그럼, 본격적으로 목표관리에 대한 독서 멘토링을 시작해볼까요.

우선 독서 목표가 왜 필요한지부터 말씀드리지요. 첫날 제가 좋은 습관을 많이 가질수록 좋다는 말씀을 드렸습니다. 습관화되면 생각하고 고민할 에너지를 덜 빼앗기기 때문에 행동할 수 있는 여지가 더 많이 생기지요.

책도 마찬가지로 습관으로 만들어둬야 하는 것이고요. 그런데 완전히 습관이 되기 전엔 번번이 장애물을 만납니다. 시간과 노력이 필요하지요. 하지만 일단 습관으로 자리 잡으면 그것은 꾸준히 움직이는 동력이 되지요.

홍 팀장 네. 저도 1일 1시간 독서를 습관으로 만들어놓으니까 저절로 책을 들게 되더라고요. 그리고 일단 습관이 드니 주중이든 주말이든 관계없이 하루 1시간 정도는 책 읽는 시간을 만들게 되고요.

독서는 은근히 중독성이 강해요. 한 번 책을 잡으면 1시간을 훌쩍 넘을 때도 있었지만 하루 1시간 독서를 지켰어요. 불규칙적으로 시간을 사용하는 것보다 장기적인 관점으로 매일 꾸준히 독서를 하는 게 더 나았기 때문이에요. 하루 세 끼 때 맞춰 꼬박꼬박 먹는 밥이 폭식보다 낫잖아요?

강 대표 맞습니다. 목표를 설정하고 관리하는 방법도 어떻게 시작하느냐가 중요합니다. 목표를 세웠는데 금방금방 바꾼다면 목표라고 할 수도 없을뿐더러 괜한 시간 낭비로 이어지기 때문이지요. 그래서 목표는 스마트SMART하게 세워야 해요. 구체적이고, 측정 가능해야 하며, 실현할 수 있는 것이어야 하고, 결과 중심적이며, 기간을 설정해야 하지요.

강 대표가 말한 S.M.A.R.T 목표관리법은 다섯 단어로 이뤄져 있었다. 구체적Specific, 측정가능 혹은 숫자로 표현된Measurable, 실현 가능한Achievable, 결과 중심적인Result-oriented, 기간 설정Time bounded을 뜻하는 영단어들의 맨 앞 글자를 따서 붙인 단어였다. 한눈에 들어오고 기억하기도 편했다.

홍 팀장은 그 자리에서 바로 단어들을 익혔다. 지금 홍 팀장이 꾸준히 하고 있는 1일 1시간 독서 또한 스마트 목표관리법에 딱 들어맞았다. 하루 1시간씩 책을 읽는다는 목표는 구체적이었고, 1일 1시간, 1주일 1권, 1년 50권으로 나타나는 숫자 또한 측정 가능한 것이었다. 그리고 현재 홍·팀장의 상황에서 실현 가능한 목표였다.

240

계획에 따라 책을 읽으니 결과에 만족스러웠다. 물론 기간도 정확하게 정해져 있었다. 그야말로 완벽하게 스마트한 독서법이었다. 이미 스마트하게 목표를 세우는 연습이 독서를 통해 이뤄지고 있었던 것이다.

'좀 더 제대로 지키면서 독서에 힘써야겠다.'

습관이 든다는 것은 습관이 된 행위 하나로 끝나지 않고 다른 일에도 영향을 미쳤기 때문이었다. 예를 들어 매일 아침 일어나서 산책이나 운동을 하며 상쾌하게 정신을 깨우는 사람과 허겁지겁 일어나 지각만 겨우 아슬아슬하게 모면하는 사람은 다른 습관을 갖고 있을 터였다.

전자는 미리 준비된 상태에서 자신이 스케줄을 조정하며 일을 끌어가지만 후자는 타인과 상황에 끌려갈 확률이 높았다. 생활습관이 좋지 않다는 것은 삶에 대한 목표가 없다는 말과 동의어였다. 자기관리가 안 되는 사람이 일에서 성과를 낼 리가 없었다. 그게 반드시 아침 5시에 일어나야 한다는 말이 아니라는 것은 홍 팀장도 알고 있었다. 목표를 갖느냐 안 갖느냐의 문제였기 때문이다.

좋은 독서 습관을 형성하면 일에도 반드시 영향을 미쳤다. 그것은 이미 업무 현장에서 경험하고 있는 것이었다. 독서 멘토링도 바로 거기에 의미가 있었다. 작가가 되거나 단지 책을 많이 읽는 것이 목표가 아니었다. 이젠 홍 팀장도 독서 멘토링의 목표를 '스마트'하게 파악하고 있었다.

더 이상 한 달에 한 번 받는 월급이 목표가 아니었다. 그보다 더 높은 목표는 현재 하고 있는 일에서 성과를 내고 팀원들을 이끄는 일이었다. 비로소 자신이 한 배의 선장이라는 실감이 났다. 배가 크든 작든 팀원이 한 명이든 두 명이든 상관없이 자신에게 주어진 책임이 있었고 현장에서 키워야 하는 역량이 있었다.

부족한 것은 개선하고, 잘못은 두 번 다시 반복하지 않으며, 실패를 통해 배우고, 끝까지 해내는 힘을 기르고 싶었다. 그리고 이런 생각을 강하게 하게 된 계기는 그동안 책을 꾸준히 읽은 덕분이었다. 독서는 기존의 생각은 물론 감정, 그리고 라이프스타일까지 바꿨다. 가장 큰 강점은 뭐니 뭐니 해도 팀장으로서의 역량이 강화된다는 점이었다.

'책도 읽고, 역량도 키우고.'

그야말로 일석이조였다. 홍 팀장은 독서를 통해 얻은 이익을 생각하며 뿌듯해졌다.

06

불안할 때
넓고 깊은 길을 보고 싶다면

— 30대에 나는 몇 권을 읽었지?

강 대표 목표를 설정할 때는 스마트하게 세우라고 했습니다. 그렇다면 어느 정도의 높이에 목표 지점을 두는 게 좋을까요?

홍 팀장 현실에서 실현 가능성이 있는 정도요.

강 대표 물론 현실 가능한 목표여야 하지요. 그럼 어느 선까지가 현실성이 있다고 보시나요?

홍 팀장 지금은 1년에 50권을 읽는 게 목표이긴 한데, 익숙해지면 1년 100권 읽기에 도전해보고 싶어요. 좀 더 높은 목표를 세우면 50권은 쉽게 읽을 수 있을 것 같거든요. 100권이 의욕을 더 불태우게 한다고나 할까요?

하지만 조급하게 분량을 채우는 데 급급하고 싶진 않아요.

50권이든 100권이든 제가 책을 읽는 상위 목표는 제 역량을 더 키우기 위해서이니까요.

강 대표 1년 100권도 좋은 목표입니다. 그리고 핵심을 잘 짚으셨네요. 맞습니다. 독서도 하나의 목표이긴 하지만 그보다 더 높은 상위 목표가 있지요. 상위 목표가 있으면 하위 목표를 실행하면서 길을 잃었을 때 방향을 다시 확인할 수 있습니다.

조금 전에 이야기 나눈 하버드 대학 낙제생들이 떠올랐다. 하버드 대학 입학 자체가 목표가 아니라 이후 학습 목표를 좀 더 굳건하게 세웠더라면 그렇게 뼈아픈 일을 겪는 일은 없었을지도 모른다. 홍 팀장의 생각은 자연스럽게 자신의 일로 향했다.

'지금 프로젝트가 진행이 안 되는 것은 너무 짧은 시각으로 보기 때문이 아닐까. 이것을 통해 무엇을 달성하려고 하는 것인가? 상위 목표가 뭐지?'

갑자기 홍 팀장의 눈이 휘둥그레졌다. 번개처럼 떠오르는 것이 있었다.

'이 프로젝트만 생각하고 있었어! 전후 맥락 없이 뚝 떨어진 게 아니었는데!'

지금 서 대리와 추진 중인 프로젝트는 전문 직종에 종사하고 있으며 자기 취향이 있되 1인 가구를 대상으로 개발 중인 상품이었다. 다품종 소량 생산을 목적으로 그들의 라이프스타일을 빅데이터를 통해 분석하고 어떤 점이 두드러지는지 숨어 있는 욕구를 찾아내는 데 초점을 맞추고 있었다. 그런데 한 가지 놓친 점이 보였다.

1인 가구라는 데만 초점을 맞추어서 제품의 편리성만 생각했던 것이다. 빠트린 것은 그들의 정서였다. 어떤 마음으로 밥을 먹고, 어떤 마음으로 잠이 들고, 어떤 마음으로 집에 돌아오는지, 그들을 소비하는 대상의 컨슈머로 '봤을' 뿐 슬픔과 기쁨과 지루함과 장난기를 지닌 한 인간으로 '느끼지' 않았던 것이다.

좀 더 높은 곳에서 더 넉넉한 품으로 그들을 바라보면 어떨까 하는 생각이 들었다. 홍 팀장은 가만히 한 사람을 떠올려보았다. 홍 팀장의 상상극장 속으로 누군가 뚜벅뚜벅 걸어 들어왔다. 그리고 말을 하기 시작했다.

'내 나이 서른. 거의 매일 야근에 지쳐 집에 돌아온다. 불 꺼진 집에서 나를 기다리는 사람은 없다. 생명이 있는 존재라곤 책상 위의 선인장. 그나마 1년 넘게 물을 안 줘서 고사 직전이다. 고양이라도 키울까 싶지만 선인장도 키우지 못하는 내가 무슨, 이라며 생각을 접는다. 내일까지 기획안을 내야 하는데, 팀장님 마음에 들 자신이 없다. 일은 재미있다. 전문적인 분야라 미래도 제법 전망이 있다고 생각한다. 나도 언젠가 팀장이 되어 한 팀을 이끌고 싶다. 그러나 오늘 같은 날엔 내가 여기서 뭐하나, 이 일이 내게 어울리는 일인가, 하고 싶은 일인가, 아니 이 회사에 내가 합당한 사람인가 하는 온갖 부정적인 마음이 든다. 너무 피곤한 탓이다.'

홍 팀장이 떠올린 사람은 서 대리였다. 함께 일한 지 몇 년이 되었지만 그동안 서 대리의 마음을 진정으로 이해해보려고 하진 않았다. 홍 팀장은 처음으로 자신이 서 대리의 가족이라면 무엇을 해줄지 고민해보았다. 소비를 위한 물건이 아닌 건강을 챙기고 마음을 위로하는 무언가를 보내고 싶은 마음이 들었다.

지금 강 대표가 말하고 있는 독서 목표관리와 어쩌면 동떨어진 이야기일 수도 있었다. 하지만 홍 팀장은 지금 자신이 하게 된 생각을 이야기를 하는 게 필요하다고 느꼈다. 왜 그런지 이유는 알 수 없었다. 뇌의 어떤 부분에서 두 가지 이야기가 만났는지도 모를 일이었다.

홍 팀장의 이야기를 강 대표는 귀 기울여 들어주었다.

— 생각과 생각 사이, 책은 접착제다!

강 대표   홍 팀장님도 직관적으로 아신 거군요. 일을 할 때 조금 더 높은 곳을 바라보라는 의미를요.

홍 팀장   네? 제가요?

강 대표   독서목표를 세울 땐 현실에서 실행가능한 점을 목표로 하되 조금 더 높은 지점을 지향하라고 말씀드렸지요.

홍 팀장   네. 그래서 1년에 50권은 안전하게 달성할 수 있는 목표고

100권은 더 많이 노력해야 하지만 그래도 가능한 목표라고 했고요.

강 대표 50권과 100권 사이의 차이점은 무엇인가요?

홍 팀장 음…… 좀 더 철저하게 시간관리를 하게 되면 100권도 가능하다는 생각은 들어요. 그런데 안전하게 50권을 선택했어요. 확실하게 성공시키는 게 더 중요했거든요.

강 대표 다시 말해서 리스크를 겪고 싶지 않았던 거군요?

홍 팀장 네. 도전을 해서 혹시 모를 위험을 겪느니 손에 확실히 잡을 수 있는 성취감을 맛보는 게 좋으니까요.

강 대표 그것이 평소 홍 팀장님의 업무 스타일이셨나요?

홍 팀장 아! 어…… 그렇게까지 연결해서 생각하진 않았는데…… 확실히 그런 면이 있어요. 그래서 상사에게도 방어적으로 일한다는 평가를 받기도 했지요.

정 이사가 떠올랐다. 자신이 일반 사원일 때부터 지켜봐준 사람이어서 중요한 일엔 말을 아끼지 않고 조언을 해주었다. 그중에서도 아직까지 기억하고 있는 말이 있었다. 홍 팀장이 대리를 달았을 때 해준 말이었다.

"홍 대리, 자네는 성실한 것이 가장 큰 장점이야. 그 꾸준함이 조직 안에서 반드시 빛을 발할 때가 올 거야. 하지만 뭐랄까, 배포가 작다고나 할까. 돌다리를 너무 두들겨보고 건너는 타입이란 말이지.

자네 앞뒤엔 믿을 수 있는 상사와 동료와 부하직원들이 있다네. 좀 더 타인을 신뢰해보면 어떤가. 모험을 해도 괜찮단 말일세. 그래서 조직이 있는 거니까."

하지만 그때는 행여 조직에 해가 될까 봐 불안했다. 큰 이익이 있어도 위험 부담이 있는 기획은 절대로 하지 않았다. 지금도 그 버릇은 남아 있었다. 기획안을 몇 번씩 살펴보고 수정하고 서 대리에게 작은 부분까지 검토하라고 지시하는 것도 사실은 자기 안의 '불안' 때문이었다. 강 대표 또한 홍 팀장의 바로 그 지점을 꿰뚫어본 것이었다.

강 대표 새로운 것에 도전할 때 생기는 불안은 자연스러운 겁니다. 불안을 느끼지 못하는 사람이야말로 문제죠. 불안은 우리를 지켜주고 안전함을 확인하게 해요. 하지만 과도하게 작동하면 모험심을 꺾고, 타인을 의심하게 하며, 자신의 능력마저 훼손시킨답니다. 더 높은 목표를 지향하세요.
사람의 잠재의식엔 무한한 가능성이 있어요. 의식은 목표에 초점을 맞추죠. 너무 높은 목표는 우리를 쉽게 좌절시키지만 조금 더 높은 목표는 할 수 있다는 마음을 불러일으키거든요. 책을 1권도 안 읽던 사람이 갑자기 하루에 1권씩 읽기는 힘들지만 하루에 1시간은 읽을 수 있잖아요.

홍 팀장 네. 그 사람이 바로 접니다.

강 대표 좀 더 높은 곳을 바라보는 것의 진짜 이점은 이런 거예요. 아래에서 위를 올려다보는 것만 생각하지만 사실은 조금 더 높은 곳에서 아래를 바라보게 되지요. 100권을 읽을 수 있는 사람에게 50권은 쉽지 않겠어요?

자신이 달성해야 할 목표가 의외로 작은 것으로 보이죠. 독서뿐만이 아니랍니다. 이해하지 못했던 일들이 어느 순간 투명하게 들여다보이고, 갈등 관계에 있었던 사람의 마음도 이해하게 되지요. 산 위에서 산 아래를 조망하듯 말이지요.

홍 팀장은 고개를 끄덕였다. 어렵다고 여겼던 일을 해냈을 때의 성취감은 다음 일에 도전할 수 있는 용기를 주었다. 조금 더 높은 목표는 향상심을 심어주었다. 너무 쉬운 일을 할 때보다 조금 더 어려운 일을 해낼 때 더 짜릿하고 흥분될 때가 많았다.

그 자리에서 내년 독서 목표를 100권으로 상향 조정했다. 뿌듯한 마음과 함께 할 수 있을 것 같다는 확신이 들었다. 그러고 보니 독서 습관도, 시간관리도, 목표관리도 따로 따로 떨어져 있는 것이 아니었다. 놀라울 만큼 연결되어 있었고 하나는 다른 하나에 영향을 미쳤다.

'나도 모르게 연결해서 생각하는 능력이 향상된 걸까?'

최근 들어 부쩍 독서 멘토링을 하던 중에도 업무와 연결되는 일들이 번뜩번뜩 떠올랐다. 강 대표의 말에 집중을 하지 않거나 딴 생각을 해서가 아니었다. 자연스럽게 생각이 가지를 뻗어 담장을 넘어가 저 멀리 있던 문제의 해답을 눈앞에 데려오는 듯한 경험이었다. 이 모든 것이 그저 신기하기만 했다.

실행력을 높이는
독서 솔루션 11

책 궁합이 맞는 독서법

책마다 알맞은 독서법이 따로 있다

'무엇이 가장 좋은 독서법인가?'라는 물음은 '무엇이 가장 좋은 식사 도구인가?'라는 물음과도 같습니다. 음식의 종류도 다양하고 음식 도구도 다양합니다. 어느 한 가지 식사도구로만 모든 종류의 음식을 먹을 수는 없습니다. 먹고자 하는 음식의 종류에 따라 식사도구도 달라져야 합니다.

예를 들어 한식을 먹을 때는 주로 숟가락과 젓가락을 사용해야 합니다. 한식의 특징은 국물이 있는 음식이 많고, 나물 반찬도 많기 때문입니다. 반면 양식을 먹을 때는 주로 칼이나 포크를 사용해야 합니다. 고기 종류의 음식이 많기 때문입니다. 숟가락 하나로 모든 음식을 먹을 수는 없고, 포크 하나로 모든 음식을 먹을 수도 없습니다. 즉, 음식의 종류에 따라 식사도구는 달라져야 합니다. 가장 좋은 식사 도구란 음식의 종류에 가장 잘 맞는 식사도구입니다.

마음의 음식 혹은 영혼의 양식인 책을 섭취할 때도 마찬가지입니다. 가장 좋은 독서법은 독서의 목적에 맞는 독서법입니다.

천천히 읽으면서 음미해야 하는 책은 한 구절도 몇 번씩 반복해서 읽으며 내용을 숙지합니다. 반면 핵심만 파악하면 되는 책은 속독을 하거나 목차만 확인해도 됩니다. 반드시 처음부터 끝까지 읽어야 한다는 강박에 사로잡히지 않아도 됩니다. 목적과 필요에 따라 다른 방법을 선택하세요. 하나의 예시로, 필자의 스승이자 멘토이며 독서경영으로 유명했던 이랜드 그룹 박성수 회장의 독서법을 알려드립니다.

1. 책은 호기심이 떨어지기 전에, 3일 이내에 끝내야 합니다. 그렇지 않으면 중간 정도에서 접힌 채 영원히 읽지 못하는 일이 많아집니다.

2. 감수성이 쇠퇴하기 전에, 되도록 40세 이전에 많이 읽어야 합니다. 그 뒤엔 읽어도 충격적 내용 외엔 기억이 나지 않고, 새로운 지식을 배워도 실행하지 않게 됩니다.

3. 좋은 책은 경쟁자가 읽지 않았으면 하는 책이고, 지적 자극 때문에 좋은 질문을 떠오르게 하는 책입니다. 《뉴욕타임즈》《비즈니스

워크》에 소개되는 베스트셀러는 거의 좋은 책일 때가 많습니다. 안타깝게도 좋은 책이 안 팔리고 있습니다. 좋은 책이라고 생각되면 지금 당장 안 읽더라도 사두기를 권합니다. 자칫 초판만 인쇄될 경우 구하기 힘들어지기 때문입니다.

4. 책을 읽다 빨간 줄로 밑줄을 그어놓을 부분은 두 가지입니다. '새 콘셉트에 대한 정의'와 '좋은 질문'입니다. 반드시 나중에 도움이 됩니다. 피터 드러커의 책에서 읽은 '경영자를 위한 좋은 질문' 한 가지를 예로 들면 다음과 같습니다. "남이 할 수 없고 나만이 할 수 있으며, 그것을 실행하면 장기적으로 회사에 큰 이익이 될 수 있는 것은 무엇일까?"

5. 읽을 시간은 항상 있습니다. 점심을 15분 동안 먹고 45분 동안 매일 책을 읽으면 어떻게 될까요? 책을 10시간 걸려야 읽는 느림보도 1년에 25권 읽게 됩니다. 시간이 없는 것이 아니라 마음이 없는 것입니다.

독서 플랜 가이드

1. 주제별 독서 플랜

주제별 독서란 자신의 전문분야 혹은 자신이 배우고자 하는 분야에 대하여 독서를 하는 것을 말합니다. 각 주제에 대하여 목표 권수를 잡거나 목표 기한을 두어 진행할 수 있습니다. 주제별 독서를 시작할 때는 각 주제들에 대한 좋은 책들의 추천리스트를 사전에 많이 확보해두는 것이 효과적입니다. 주제와 관련된 내용을 기록하거나 스크랩을 해두세요. 한 군데 모아두면 나중에 관련 업무를 할 때 큰 도움이 됩니다.

2. 평생 독서 플랜

평생 독서 플랜이란 살아 있는 기간 동안의 독서계획을 세우는 것입니다. 평생의 독서계획을 세우면 자신의 미래에 대한 동기부여는 물론 현재의 삶에도 동기부여가 됩니다. 평생 계획을 쪼개어 연간 독서계획, 월간 독서계획, 주간 독서계획으로 세워봅니다. 이때, 평생 독서계획은 장기적인 목표와 균형 있는 독서를 위한 것입니다. 완벽하게 하겠다는 생각보다 꾸준히 기록하고 지속적으로 수정해나갈 것을 권장합니다.

07

얼라인먼트Alignment를
실행하라

─ 중심을 잃지 않는 피라미드 독서

대화는 점점 깊어졌다. 강 대표는 초반에 강력한 질문이나 사례로 이야기를 시작했지만 가장 핵심이 되는 부분은 홍 팀장의 생각과 이해가 무르익었을 때 내놓곤 했다. 초반엔 성급한 마음에 포 떼고 차 떼고 결론부터 듣고 싶은 마음이 강했지만 그래선 매뉴얼화된 공식만 얻어가는 것일 뿐 살아 있는 독서 멘토링의 효과는 떨어진다는 것을 깨달았다.

강 대표의 얼굴에 서서히 열기가 더해갔다. 홍 팀장은 직감적으로 느꼈다. 오늘 가장 중요하게 할 이야기를 곧 듣게 될 것이라는 것을. 마음을 가다듬고 다시 한 번 정신을 집중했다.

강 대표 스마트하게 목표를 설정하고, 조금 더 높은 목표를 지향했더라도, 지금부터 제가 하는 말이 뒷받침되지 않으면 사상누각과 같습니다. 모래 위에 지은 성은 금방 허물어지기 마련이지요.

목표관리 이론에 대해선 홍 팀장님도 충분히 아셨을 거라고 생각합니다. 하지만 이론만 아는 것은 도움이 되지 않지요. 축구 이론을 아무리 많이 안다고 한들 운동장에서 실제로 뛰는 것과는 별개니까요. 중요한 것은 지속 가능한 적용입니다.

일시적인 목표 설정은 힘을 발휘하지 못하죠. 시스템이 굳건할 때 조직이 잘 돌아가는 것처럼 아무리 좋은 목표를 설정한다고 해도 꾸준히 적용하지 못한다면 있으나 마나 한 것이니까요.

방법은 간단합니다. 얼라인먼트Alignment, 즉 한 방향으로 정렬하기예요.

홍 팀장 정렬하기요?

강 대표 네. 독서를 예로 들면 독서를 통해 이루고 싶은 미션, 비전, 평생 계획인 장기목표, 중기목표 형태로 브레이크다운breakdown을 해야 하며, 이것을 다시 연간 계획 형태인 단기목표로 나누고 월간, 주간, 일간 계획 형태의 플랜으로 세분화시킬 때 제대로 된 목표관리 구조를 완성했다고 할 수 있지요.

피라미드를 세우듯 맨 위에는 자신의 궁극적인 독서목표를 놓습니다. 그리고 그 아래 평생 독서목표가 들어가지요. 그 아래에는 연간 독서목표가 들어갑니다. 그리고 그 아래부터는 계획이 들어가죠. 월간계획, 주간계획, 마지막으로 일간계획입니다. 목표와 계획을 종이 위에 적어 늘 갖고 다니세요. 물론 암기를 하고 있다면 더 좋겠죠. 이렇게 튼튼한 플랜을 세워두면 중간에 흔들리지 않고 목표를 달성할 수 있습니다.

홍 팀장 평생 독서목표로 이뤄진 거대한 피라미드가 상상되네요. 그것을 이뤘을 때 어떤 사람이 되어 있을지 가슴이 벅차기도 하고요. 상상 속에서 피라미드는 찬란한 황금빛을 뿜어내고 있는데요.

강 대표 네, 좋습니다. 이렇게 목표를 세운 후엔 매일, 매주, 매달 확인하고 스스로 피드백을 주세요.

홍 팀장 피드백은 어떻게 하는 게 좋을까요?

강 대표 오직 행동에 대한 것만 하는 것이 좋습니다. 다소 부족했더라도 자신을 자책하거나 성격 탓으로 돌리지 마세요. 부족한 점을 개선하는 것으로 충분합니다. 그리고 다시 목표를 향해 가는 것이죠. 목표는 '성장'에 있습니다. 동일한 상황에서 더 잘할 수 있는 방법을 찾고 실험해보기 위해서죠. 피드

몇 권을 읽었는지는 중요하지 않다.
'얼마나 성장할 수 있는가'
'나만의 인사이트를 얼마나 얻을 수 있는가'에 초점을 맞춰라

백을 통해 얻고자 하는 것이 무엇인지 명확하게 정해둘수록
더 큰 효과를 얻을 수 있습니다.

홍 팀장 독서목표는 평생 어떤 책을 읽을 것인가의 문제만은 아닌
것 같네요.

강 대표 맞아요. 취미로 책을 읽을 수도 있지만 우리의 목표는 취미
이상의 독서니까요.

피라미드의 광채에 잠시 취해 있던 홍 팀장은 다시 현실로 돌아
왔다. 평생에 걸친 독서목표를 세운다는 것은 단순한 일이 아니었
다. 단순하게 팀장으로 일을 잘하는 것을 넘어서 '어떻게 살 것인가'
와 연결되는 문제였던 것이다. 홍 팀장의 얼굴이 어느 때보다 진지
해졌다.

─ 인생에 지치지 않는 지혜의 샘물

처음 독서 멘토링을 시작했을 때의 상황을 떠올려봤다. 서 대리와
갈등이 심해졌을 때였다. 그 현장을 목격한 정 이사가 강일독 대표
를 만날 것을 권했고, 강 대표를 만나기 전까지 독서 멘토링에 대한
아무 기대도 없었다. 이름도 낯설었을 뿐만 아니라 일할 시간도 없
는데 무슨 책이냐 싶었던 것이다. 거의 반 강제적으로 끌려 나온 사

람처럼 퉁퉁 부은 얼굴로 강 대표를 만났었다.

하지만 만남이 지속될수록 독서 멘토링은 단순히 책 읽기의 스킬을 알려주는 것이 아니라는 것을 깨달았다. 책을 읽는 행위는 저자의 생각을 수동적으로 받아들이는 게 아니라 적극적으로 대화에 임하는 것이었다. 홍 팀장은 자신보다 지적으로 뛰어난 사람과 만나 대화를 나눌 때 긍정적인 자극을 받는 것처럼 독서를 할 때도 엄청난 사고의 폭발을 경험했다.

어느새 오늘 약속한 시간도 거의 다 되고 있었다. 2시간은 아쉬울 만큼 짧은 시간이었다. 이제 강 대표는 마지막 이야기를 하기 시작했다.

강 대표 목표를 설정하고 관리하는 것의 중요성과 더불어 제가 강조하고 싶은 점은 목표관리는 특별한 사람만 할 수 있는 게 아니라는 것입니다.

홍 팀장 3%에 드는 사람들도 특별함을 타고난 사람들이 아니었던 것과 마찬가지로, 목표관리도 그렇겠네요. 지극히 평범하고 지극히 보통의 사람, 즉 자신을 포함해 모든 사람이 할 수 있는 일이죠. 지금 강 대표님이 말하는 것을 배우고 실행하고 지속할 수만 있다면 말이에요.

강 대표 궁극적으로 말하자면 모든 목표관리는, 그것이 독서든 시간관리든 관계 맺기든 하나의 정점을 향해 갑니다.

어떻게 살아야 하는가에 대한 삶의 목적을 수립하는 것이죠. 이런 삶의 목적은 미션이나 비전 등으로 표현됩니다. 일종의 삶의 지표라고 할까요?

홍 팀장 인생에 네비게이션을 갖게 되는 거겠군요.

강 대표 2000년 밀레니엄을 맞이했을 때 당시 코카콜라 회장이었던 더글라스 대프트Douglas N. Daft 회장이 전 직원에게 보낸 신년 메시지가 있어요.

삶이란 공중에서 다섯 개의 공을 돌리는 저글링 게임입니다. 다섯 개의 공에 일, 가족, 건강, 친구, 자기 자신이라고 붙여봅시다. 조만간 일이라는 공은 고무공이라서 떨어뜨리더라도 바로 튀어 오른다는 것을 알게 됩니다.

그러나 다른 네 개의 공은 유리공이라서 하나라도 떨어트리게 되면 닳고, 긁히고, 깨져서 다시는 전과 같이 될 수 없습니다. 중요한 것은 다섯 개 공의 균형을 유지하는 것입니다.

홍 팀장 일은 고무공과 같아서 실수로 떨어트려도 다시 튀어 오르지만 가족, 건강, 친구, 자기 자신은 유리공이라서 떨어지면 깨지진 않더라도 최소한 상처가 나는 것은 피할 수 없다는 말이군요.

강 대표 우리는 어쩌면 일에만 목숨을 걸고 있는 건 아닐까요? 홍 팀장님이 팀장으로 성과를 내고 목표를 달성하는 것은 좋은 일입니다. 하지만 인생의 다섯 가지 영역에 균형을 맞춰, 일을 할 때 롱런할 수 있는 바탕을 마련할 수 있어요. 몇 년 동안 죽도록 일하고 커리어를 끝낼 게 아니지요?

홍 팀장 네. 물론입니다.

강 대표 그래서 더욱 균형 잡힌 삶의 목표가 중요한 것입니다. 독서 목표를 세우는 것도 바로 내 인생의 목표가 무엇인지 계속 모색하면서 그쪽을 향해 가기 위해서니까요.

성공을 얻고 인생을 잃는다면 무슨 소용인가. 진정한 성공은 그런 것이 아니다. 주변 사람은 불행한데 자기 혼자 성취를 이룬 것도 진짜 성공이 아니다.

일을 잘하는 것을 넘어서 하고 있는 일의 본질은 무엇인지, 더 나아가 자신의 본업이 무엇인지를 스스로에게 물어보았다. 아직 확실하게 이것이라고 말할 만한 것은 없었다. 하지만 맡은 업무만 잘 해내는 것이 자신의 목표는 아니었다. 회사에 쓸모 있는 직원이 되는 것도 목표가 아니었다. 팀의 성과를 올리는 것만도 아니었다. 지금까지와는 다른, 좀 더 큰 목표가 마음속에서 용솟음치고 올라오고 있었다.

홍 팀장은 고개를 들었다. 두 눈 가득히 넉넉한 오후의 햇살이 들어왔다. 햇빛은 누구를 선택하지 않고 골고루 세상에 뿌려지고 있었다. 아이 어른을 가리지 않았고, 사람과 나무를 가리지 않았고, 개와 고양이를 가리지 않았고, 돌멩이와 의자를 가리지 않았다. 공평하게 눈부신 빛을 나눠주고 있었다. 그리고 그 햇빛은 홍 팀장의 어깨 위에도 똑같이 내려앉고 있었다.

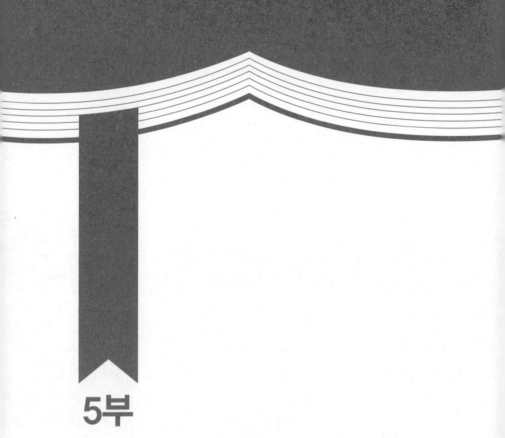

5부

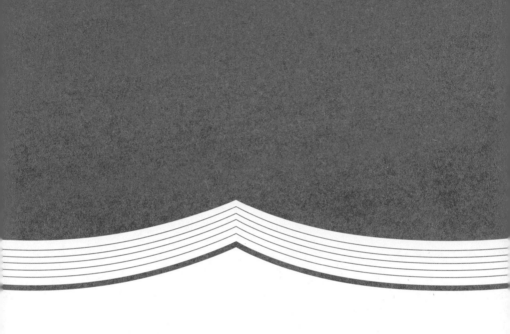

읽자마자 적용하는
지식관리 독서법

01

책을 뚫을 기세로
깨달음을 얻어라

─ 업무와 삶에 혁명적 변화를 일으키고 싶다면

오후 6시였지만 강 대표와 홍 팀장은 자연스럽게 굿모닝 인사를 주고받았다. 다섯 번째 독서 멘토링이자 마지막 시간이었다. 아쉬운 마음이 들었지만 기간을 정해놓은 덕분에 최대한 집중할 수 있었다. 강 대표는 또한 만날 때마다 성장하는 홍 팀장의 모습을 보는 것이 뿌듯했다. 장성한 아들을 보는 듯 흐뭇한 마음으로 강 대표는 홍 팀장을 바라보았다.

강 대표   오늘이 마지막 독서 수업이군요. 지금까지 배운 것을 통합하면서도 가장 실용적이고 디테일한 이야기를 해드리겠습니다. 지금까지 해온 작업도 현장에서 적용하는 것을 제1원칙으로 삼았지만 오늘 주제인 지식관리에 대한 이야기야말로 홍 팀장님께서 꾸준히 실행한다면 반드시 삶이 달라지게 될 겁니다.

핵심은 보고 깨우치고 적용하는 것이라고 할 수 있습니다. 이것을 '본깨적 독서법'이라고 하지요. 그리고 '본깨적 지식관리'이기도 합니다.

홍 팀장 본깨적…… 이요?

강 대표 본 것, 깨달은 것, 적용한 것. 이 세 가지를 줄여 만든 말입니다. 본깨적 지식관리는 책을 읽는 것을 넘어 그 책에 담긴 것을 어떻게 내 것으로 만들까, 즉 나의 지식으로 쌓을 수 있을까를 고민하는 과정에서 나온 것입니다. 지금까지 말씀드린 독서법도 기본적으로 모두 이 '본깨적'에 해당됩니다. '본'은 책에서 있는 그대로 본 것을 말합니다. 저자의 관점에서 본 것이지요. 저자가 알리고자 했던 주제, 지식 등을 비롯해 인상 깊은 문장과 키워드를 중심으로 책을 보는 것이지요.

홍 팀장 '깨'는요?

강 대표 깨달은 것입니다. 나의 입장에서 깨달은 것이나 새롭게 알게 된 지식이지요. 역할 모델을 발견했다든가 동기부여가 되는 내용 등 자신의 관점으로 본 것을 말합니다.

홍 팀장 마지막으로 '적'은 적용이라고 말씀하셨죠?

강 대표 네. 개인 혹은 조직에 적용할 부분을 말하지요. 삶이나 업무

책으로 나를 바꾸는 방법 '보고, 깨우치고, 적용하라'

① 저자의 관점에서 인상 깊은 문장과
   키워드를 중심으로 책을 본다

② 나의 입장에서 깨달은 것이나
   새롭게 알게 된 지식을 기록한다

③ 개인과 조직의 분야에 적용하고
   구체적으로 실천한다

에서 개선하면 좋을 점들, 새로운 아이디어나 질문 등이 해당합니다.

홍 팀장 본깨적이 뭔지 개념은 확실히 이해가 되었어요. 그럼 구체적으로 어떻게 실행하면 좋을까요?

강 대표 우선 책을 읽을 때 책 자체를 활용하는 방법이 있습니다. 본 것은 책의 윗부분 여백에 적고, 깨닫고 적용할 것은 아랫부분 여백에 적어서 위아래 공간을 나눠 활용하는 법이지요.

만약 한 페이지에서 관심이 가는 내용이나 중요하다고 생각하는 내용이 있으면 그 부분에 밑줄을 긋거나 단락을 통째로 박스로 표시한 후 키워드나 핵심문장으로 요약해 위쪽에 적어둡니다. 같은 페이지에서 새롭게 깨달은 지식이나 적용하고 싶은 아이디어가 있으면 아래쪽에 적어두는 거죠.

홍 팀장 한 페이지마다 본깨적이 모두 있을 수도 있고 하나만 있거나 없을 수도 있겠네요?

강 대표 그렇죠. 본깨적이 많을수록 나에게 강렬한 인상을 남긴 책이고요. 본깨적은 중요한 부분을 요약 정리해서 옮겨 적는 것이기 때문에 핵심을 한눈에 파악할 수 있고 저자의 생각뿐만 아니라 자신의 생각도 적어놓기에 생각하는 힘을 기를 수 있습니다. 게다가 사유를 바탕으로 깨닫고 적용할 점을 기록하기에 행동력도 강화되지요.

본깨적은 크게 세 가지로 나누어져 있어요. '책 속 본깨적'

'정리 본깨적' '토론 본깨적'이죠. 책 속 본깨적은 책을 읽고 본 것, 깨달은 것과 적용할 것을 책 속에 직접 기록하는 것입니다. 정리 본깨적은 책 속 본깨적을 정리한 것이고, 토론 본깨적은 자신의 본깨적을 토론으로 나누는 것입니다.

홍 팀장 만약 제 독서습관이 자리 잡히기 전에 이것부터 알았더라면 며칠 하다가 그만두었을지도 모르겠군요. 왜 마지막 독서 수업에 본깨적 활용법을 배우는지 알겠어요.

강 대표 한 권의 책에서 얻을 수 있는 것은 어마어마하게 많습니다. 그래서 저도 좋은 책은 반복해서 읽지요. 다 안다고 생각했는데도 다시 책장을 펼치면 또 다른 통찰을 얻거든요. 100번을 읽어도 마찬가지예요. 그런 책은 서가 한쪽에 따로 모아 둡니다. 홍 팀장님도 나만의 서가를 가져보시길 권합니다.

홍 팀장 네, 저도 한두 권 열심히 읽다 보니 그새 몇 십 권의 책이 모였더라고요. 책이 나란히 꽂힌 책장을 보면 뿌듯하기도 하고 동기부여도 돼요.

강 대표 그렇지요? 그리고 그 책마다 내 손때가 묻어 있고 내 생각이 들어 있으니 더욱 귀하지요. 그야말로 나만의 도서관인 셈이니까요. 하지만 지식관리는 이제 시작일 뿐입니다.

홍 팀장 네? 본깨적으로 책을 읽는 것이 전부 아닌가요?

강 대표 하하하. 그럴 리가 있나요. 지식관리 이야기는 지금부터입니다.

02

머릿속에
지식정리함을 만들어라

― 최악의 상황에서 깨달음이 되는 지식노트

강 대표 본깨적으로 책을 읽는 방법은 이제 아셨을 겁니다. 그것이
지식관리의 첫 걸음이라는 것도요. 그런데 왜 지식관리가
중요하다고 생각하시나요?

홍 팀장 그거야 당연히 책을 읽고 끝내는 건 의미가 없으니까요. 내
것으로 소화하기 위해서지요.

강 대표 책을 내 것으로 소화시켜야 하는 이유는요? 무엇을 얻기 위
해서입니까?

홍 팀장 지식을 얻기 위해서죠.

강 대표 그 지식은 왜 필요할까요?

홍 팀장 삶을 변화시키기 위해서요.

272

강 대표 홍 팀장님의 삶은 독서를 통해서 변하기 시작했습니다. 그런데 독서의 어떤 힘이 그것을 가능하게 했던 걸까요?

현재 독서목표는 현실에 적용하기 위한 통찰과 아이디어를 얻기 위해서였다. 더 넓게 생각하자면, 독서목표는 평생 독서목표라는 비전에 따라 세울 수밖에 없었기에 인생목표와 이어지고, 그래서 좋은 책을 골라 제대로 읽어야 한다는 것도 알고 있었다. 하지만 강 대표의 질문 앞에 딱 이것입니다, 라고 말할 수가 없었다.

예전 같으면 홍 팀장도 온갖 미사여구를 써서 그럴 듯한 말을 하거나 아는 척, 잘난 척을 했겠지만 더 이상 그런 모습은 보이고 싶지 않았다. 이럴 때 방법은 한 가지였다. 겸손하게 상대의 말을 경청하는 것.

홍 팀장은 진심으로 말하고 강 대표의 말에 귀를 기울였다. 강 대표는 속으로 고개를 끄덕였다. 홍 팀장이 빨리 성장할 수밖에 없는 이유는 바로 이런 '기꺼이 배우려는 태도'에 있다고 생각했기 때문이었다. 홍 팀장의 이런 태도는 강 대표의 마음을 더욱 활짝 열었다. 더욱 진심으로 알려주고 하나라도 더 말해주고 싶은 마음이 저절로 들었다.

강 대표 우리가 책을 읽고 생각을 적고 저자와 대화를 나누면서 지식을 쌓는 이유는 '생각하는 힘'을 기르기 위해서입니다. 생각에서 행동이 나오고, 행동은 생각에 영향을 미치지요. 좋은 행동과 좋은 생각이 선순환으로 이어지면 내 삶을 움직이는 수레바퀴가 됩니다. 스스로 생각하고 올바른 결정을 내리고 현실을 바꾸는 힘, 그것이 바로 독서의 힘입니다.

홍 팀장 독서를 시작한 후 변한 제 삶을 생각하니까 정말로 눈에 보이지 않는 수레바퀴가 지금도 움직이고 있는 것 같아요. 변할 것 같지 않던 좌절과 절망의 현실이 작은 행동으로 변하기 시작했어요.

― 지식관리로 얻을 수 있는 3가지 강점

강 대표 누구라도 수레바퀴를 움직이는 힘을 갖고 있습니다. 홍 팀장님이 해낸 것과 마찬가지로요.

지식은 예전에는 여러 자원 중의 하나였지만 지금은 핵심 중의 핵심이 되었습니다. 지식관리는 해도 그만 안 해도 그만인 것이 아니라 반드시 해야 하는 필수자원이 되었고, 이것은 곧 생존과도 직결되는 문제입니다.

홍 팀장 일을 열심히 하는 게 중요한 것이 아닌 것처럼 말이죠. 제대로 잘하는 것이 중요하죠. 지식관리가 필요한 이유도 바로 일을 올바르게 하기 위해서니까요.

274

적재적소에 적용하고 실천하는 지식노트를 만들자

책을 읽고 덮으면 절대로 나의 지식이 될 수 없다
규격과 사이즈를 통일해서
일목요연하고 체계적으로 지식을 관리하는 노트를 만들자

강 대표 지식관리를 해서 얻을 수 있는 것에는 3가지가 있습니다. 첫째는 지금 하고 있는 일을 더 잘하는 것인데 이것은 생산성과 연관되지요. 둘째는 새로운 수익원을 창출해내는 것인데 보통 '적응적 혁신'이라고 말하는 것입니다. 셋째는 새로운 시장을 만들어내는 것입니다. '변혁적 혁신'이죠. '블루오션'입니다.

지식에 대해서도 블루오션은 늘 있었습니다. 새로운 관점을 갖지 못해서 보지 못했을 뿐이죠. 최고의 블루오션을 차지한 회사는 구글이 아닐까요? 인터넷이라는 지식기반에 검색을 얹었습니다. 새로운 발명을 한 것이 아니라 이것과 저것을 연결했죠. '통섭' '컨버전스' '융합' '퓨전'이라는 말이 유행했던 것처럼 앞으론 새로운 발명이 아니라 결합하고 연합하는 데 기회가 있습니다. 마찬가지로 지식에도 무엇을 연결시키느냐에 따라 획기적인 것이 될 수 있는 것이지요.

홍 팀장 컴퓨터 프로그램 도입 같은 일이 필요할까요?

강 대표 하하하. 기업이나 정부기관에서도 예산 때문에 쉬운 일이 아닌데 개인이 그것을 어떻게 하시려고요?

분명 책 속에는 보물 같은 지식이 들어 있습니다. 하지만 산발적이죠. 컴퓨터에 기록해서 폴더에 넣어둔다 해도 기기가 있어야 하고 접속을 해야 합니다. 저는 이 부분을 정말 오랫동안 고민했습니다. 지식은 쓰여야 가치가 있습니다. 그리고 연결이 되어야 합니다. 이것을 어떻게 해결할 수 있을까? 그리고 드디어 방법을 찾았지요.

홍 팀장 찾으셨다고요? 그게 뭔데요?

강 대표 아날로그와 디지털을 연결하는 겁니다. 지식노트를 만드는 것이죠. 컴퓨터로 기록하든 손으로 쓰든 일정한 크기의 종이에 남겨서 그것을 하나로 엮어두는 방법입니다.

홍 팀장 지식노트요?

강 대표 네. 여러 책에 담겨 있는 지식을 노트에 정리해 그것을 바인딩하는 겁니다. 지식노트는 남이 만들어줄 수가 없습니다. 오직 자신의 힘으로 해야 하죠. 똑같은 한 권의 책을 읽어도 지식노트는 사람마다 다릅니다. 각자 한 권의 책을 보고 본 것과 깨달은 것과 업무에 적용할 것이 다를 테니까요. 그리고 시간이 흘러도 손실될 위험이 거의 없어요. 휴대성과 접근성 측면에서도 최고입니다. 그야말로 나만의 인사이트를 창출할 수 있는 보물창고인 셈이죠.

— 수많은 지식을 습득하고도 못 변하는 이유

한 개인이 방대한 지식을 관리하기란 쉬운 일이 아니다. 그런데 그 방법을 찾았다고? 그것이 뭔지 흥미가 솟구쳤다. 그러면서 동시에 독서 멘토링의 끝은 어디인가 싶었다. 단순히 책 읽는 법만 알려주는 게 아니었기 때문이다. 독서-지식관리의 선순환은 정말로 삶의 궤적을 바꾸는 거대한 수레바퀴였다.

강 대표 개인차원에서 지식관리를 하려면 지식노트를 만드는 게 가장 효과적입니다. 그럼 지식노트는 어떻게 만드는 게 좋을까요?

지식노트를 만들 때는 노트의 규격과 사이즈를 통일하는 게 중요합니다. 들쑥날쑥한 종이 사이즈에 기록하여 한데 모아놓으면 체계적으로 아이디어를 관리하기 힘듭니다. 중구난방이기 때문에 아이디어가 뻗어나가기 어렵고, 정보를 일목요연하게 정리하기도 힘들며, 노트를 나중에 찾아보기도 벅찹니다.

우리가 일반적으로 쓰는 사이즈는 보통 A4입니다. 그런데 재미있는 건 사람들에게 A4 종이를 주면 거의 무의식적으로 반으로 접는다는 겁니다. 왜 그럴까, 생각해보니 A4는 손에 딱 들어오는 크기가 아니라는 결론을 내렸습니다. 그래서 다음에 찾아낸 크기가 바로 A5 사이즈입니다. A5 사이즈에는 몇 가지 비밀이 있습니다.

홍 팀장 비밀이요?

강 대표 인쇄 설정에서 70%로 지정하여 출력하면 A5 크기로 나옵

278

니다. 이보다 더 축소하면 글자가 잘 보이지 않아요. 읽을 수 있을 정도로 글자를 축소할 때의 마지노선이 바로 A5입니다. 20년 동안 노트를 정리하고 연구하여 찾아낸 황금비율입니다.

지식노트를 정리할 때 어떤 사이즈여야 가장 효과적일까, 시행착오도 많았습니다. 지식노트를 가지고 다닐 때 너무 크지 않게 한 손에 들어오면서도 글자가 너무 작지 않은 크기가 이상적이라고 생각했죠. 그게 바로 A5였습니다.

일본 학자들이 이런 것에 대해 연구를 많이 했습니다. 그들도 한결같이 말하는 사이즈가 A5였습니다.

서점에 가면 많은 책들이 있는데 높낮이와 폭엔 약간씩 차이가 있지만 전체적으로는 거의 A5에 가깝습니다. 갖고 다니거나 보기에 가장 편리하기 때문이지요. 게다가 종이와 잉크를 좀 덜 쓰게 되니 환경에도 도움이 됩니다. 지식노트는 체계적으로 사이즈와 규격을 통일하는 데서부터 시작합니다. 그리고 형식에 대한 것을 하나 더 말씀드리면 바인딩을 할 수 있도록 펀칭을 뚫어서 사용하라는 것입니다. 그리고 책처럼 표지를 만들고 제목을 붙이는 것이지요.

홍 팀장은 무릎을 탁, 쳤다. 대학을 졸업하고 취업준비를 할 때 관련 자료만 따로 모아 제본을 하거나 스프링노트로 만들었던 기억이 났다. 대부분 A4사이즈였다. 한 손에 들고 보기엔 불편했는데 A5라면 한 손에 잡히는 사이즈라 편리할 터였다. 규격을 통일하고 그것을 연결할 수 있도록 형식을 갖추는 것만으로도 하드웨어를 갖춘 셈이었다.

독서를 하면서 책에 뭔가를 써두거나 수첩에 기록해두곤 했다. 하지만 수첩을 새 것으로 바꾸면 예전 수첩에 적어놓은 것들은 순식간에 휘발되어버렸다. 자주 보고 현실에 적용해야 하는데 적어두던 당시에 섬광처럼 번뜩였던 아이디어는 시간이 조금만 지나도 빛이 바래거나 생각 자체를 잊어버렸던 것이다. 때로는 메모한 것을 찾느라 책들과 수첩들을 들쳐보기도 했지만 찾지 못하는 경우도 비일비재했다. 제대로 '관리'를 하지 못한 탓이었다.

생각을 떠올리는 것보다 중요한 게 '관리'다. 지식은 관리하지 않으면 휘발되어버리기 십상이다. 몇 시간씩 책을 읽고 나서도 돌아서면 기억에 남는 것이 없는 이유도 지식을 관리하지 못했기 때문이라는 것을 깨달았다. 홍 팀장은 왜 귀찮게 굳이 종이에 써서 바인딩까지 해야 하냐고 처음엔 생각했다. 하지만 그것은 '관리'의 중요성을 모르기 때문에 한 생각이었다. 요점은 A4냐 A5냐, 스탬플러로 찍느냐 펀칭으로 바인딩을 하느냐가 아니라 '체계적으로 지식을 관리'하는 데 있었다.

그냥 읽는 것과 달리 생각을 하면서 읽으면 메모할 내용들이 많다. 하물며 본깨적 독서를 하면 책을 읽을수록 그 양은 더욱 늘어날 터였다. 가끔은 책에다만 적어두는 게 아까워서 포스트잇에 따로 써서 붙여두기도 했지만 시간이 지나면 떨어지기 일쑤였고, 낱장으로 정보가 돌아다니는 것이기 때문에 자신만의 지식으로 쌓이기는 어려울 것이었다.

'원 페이지 기록법이 유용하겠구나. 나는 직접 쓰는 것보다 컴퓨터로 쓰는 게 편리하니 우선 기본적으로 규격을 통일해서 한 장으로 정리해두고 출력을 한 후 바인딩 해보자.'

제본이나 스프링은 이미 완성된 것만 묶어야 하지만 바인딩은 중간에 넣고 빼고 순서를 바꾸는 것도 자유로우니 훨씬 유용할 터였다. 기존 내용을 추가할 때도 편리할 듯했다. 게다가 한 장씩 빼서 들고 나닐 수도 있었다. 그야말로 그 어떤 것보다 분류와 정리 기능이 뛰어난 방법이었다.

실행력을 높이는
독서 솔루션 12

수많은 책에서 한 권을 고르는 방법

권수 늘리기는 하수의 책 읽기다

권수를 늘리는 책 읽기는 하수의 책 읽기입니다. 책을 잘 읽는 것보다 중요한 것은 좋은 책을 읽는 것입니다. 좋은 책을 발견하는 것은 매우 중요합니다.

1. 추천도서 리스트

주변 사람들 중 독서에 조예가 깊은 지인이 추천해주는 도서리스트, 각 단체 및 대학 또는 기업의 추천 도서리스트, 책 속에서 언급한 참고서적 등 '책 속의 책' 리스트를 만든 후 이 중에서 현재 관심 있는 분야의 책을 선택합니다.

2. 신문 광고 스크랩

신문을 보면 책의 내용에 대해 안내하는 코너가 있습니다. 관심 있는 책이나 좋은 책이 있다면 신문을 칼로 오려내 스크랩해둡니다.

3. 서평, 북 칼럼

사회의 영향력 있는 사람들이 쓴 칼럼을 통해 좋은 책을 발견할 수 있습니다. 그들은 자신들이 쓴 글에 책임을 느끼기에 영향력 있는 책에 대해 쓰기 때문입니다.

4. 베스트셀러, 스테디셀러

대형서점이나 출판사에서는 정기적으로 베스트셀러와 스테디셀러를 공개합니다. 이 목록을 잘 활용하면 최신 트렌드를 알 수 있고 좋은 책들을 발견할 수 있습니다. 특히 해외 베스트셀러가 번역되었는지 확인합니다.

5. 고전

고전이란 100년 이상 읽히며 책의 영향력과 권위가 인정된 책입니다. 각 분야별 고전은 무조건 신뢰해도 좋습니다.

6. 정기적인 서점 방문

정기적으로 서점에 방문하며 사람들의 관심이 무엇인지 새로 나온 책들을 살펴봅니다. 몇 시간 동안 서점 안을 산책하면 운명 같은 책을 발견할 수 있습니다.

10년 이상 전문가로 롱런하는 내공 독서

보통 한 분야의 전문가가 되려면 10년 정도가 필요하다고 합니다. 이것을 3년으로 줄일 수 있는 방법이 있습니다. 믿을 만한 사람이 추천하는 좋은 책을 읽는 방법입니다. 한 권의 좋은 책은 평범한 책 100권을 압축한 효과가 있습니다. 추천한 사람은 100권 이상을 보고 난 후 한 권을 추천하는 것이기 때문입니다.

03

정보 과잉의 시대
나를 바꾸는 프레임

─ 지식을 콘셉트화해서 분류하라

지식노트의 내용적인 부분은 본질적으로 지난번 배운 본깨적 독서와 같았다. 다만 그것을 노트에 옮기는 것이 다를 뿐이었다. 기본적으로 책의 핵심 내용을 정리하고, 곁에 두고 삶에 적용하고 싶은 글귀와 업무에서 실행하면 좋을 아이디어를 적어놓으면 된다.

언제라도 다시 펼쳐보다가 아이디어를 덧붙일 수 있다는 점이 좋았다. 하나의 질문에서 시작한 것이 가지 한 개로 뻗어나가고, 두 개로 뻗어나가다 그렇게 모인 것들이 나중에는 숲을 이룰 것이다.

'지식노트는 나만의 지식 백과사전이구나!'

정보나 지식은 활용도에 따라 의미가 달라지기 마련이다. 지식이나 정보가 부족해서가 문제가 아니라 너무 많은 것이 문제다. 일을 하다 보면 정보의 홍수에 떠밀려 익사할 뻔한 적이 한두 번이 아닌 것도 그 때문이다.

정보는 넘친다. 누가 일류가 되느냐는 얼마나 많은 정보를 모으느냐가 아니라 과도한 정보 속에서 진짜 알찬 핵심 정보를 어떻게 구분하느냐에 달렸다.

과거에는 정보를 만들어내고 수집하고 저장하거나 이동하는 일 자체가 어렵고 까다로웠다. 비용도 만만치 않았고 시간도 오래 걸렸다. 대부분의 작업을 손으로 해야만 했던 시대도 있었다. 고대 시대엔 점토나 파피루스, 혹은 가죽이나 대나무 위에 기록을 하곤 했다. 양과 부피도 엄청났지만 보관기간도 짧았다. 인쇄술이 발달한 후 사정은 나아졌지만 그래도 한때 책은 귀족들이나 부자들만 소유할 수 있는 귀중품이었다.

그런데 지금은 세계 최고의 도서관이라고 불리던 알렉산드리아 도서관에 저장되어 있던 양만큼의 지식을 손안에 든 작은 기기를 통해 확인할 수 있다. 이제는 정보나 지식을 창출하는 것보다 그중에서 어떻게 양질의 것을 찾느냐가 더 중요해졌다.

강 대표 압도적인 정보와 지식으로부터 내게 꼭 필요한 것을 찾으려면 지식을 콘셉트화해서 분류해야 합니다. 역설적으로 들릴지도 모르지만 많은 선택보다 적은 선택의 폭 위에서 가치를 만들어나가는 것이죠.

선택할 수 있는 범위가 너무 넓으면 오히려 선택하기 어렵다고 하지요. 보통 피곤과 혼란을 느끼지 않고 쉽게 선택할 수 있는 개수는 6개 내외라고 합니다. 이때는 선택하는 사람이 주도적으로 고른다는 느낌을 준다고 해요. 그래서 취향을 가지고 물건을 골라놓은 편집숍의 붐이 일고 있지요.

홍 팀장 동대문이나 백화점에 가서 물건을 고르는 피로도를 줄이고 개성 강한 아이템을 한 곳에서 한눈에 볼 수 있다는 점이 강점이지요.

강 대표 지식을 콘셉트화하는 능력은 점점 더 요구될 것입니다. 지식 콘셉트화의 핵심은 '관점'이기 때문이죠. 정제된 것을 선택해서 어떻게 배열할 것인가를 정하는 '결정력'도 중요하고요. 예술에서 출발했지만 미디어, 정치, 금융 산업에 이르기까지 폭넓게 쓰이고 있어요.

홍 팀장 포털 사이트에서 제시하는 카드뉴스가 생각납니다. 책의 내용을 카드 형식으로 만들어 20장 안팎으로 정리를 해서 보내주는 서비스인데, 책 속 내용을 그대로 싣기보다 핵심을 뽑아 새로운 콘텐츠로 만들어 사용자가 공감하기 쉬운 것이 장점이예요. 유익한 점이 많아서 꼬박꼬박 챙겨보고 있거든요. 그것도 일종의 지식 분류와 연관된 일이겠군요.

강 대표 지식을 콘셉트화해서 분류할 때는 '무엇을 덧붙일 것인가'가 아니라 '무엇을 덜어낼 것인가'가 핵심입니다. 본깨적 지식관리법은 책 속에 담긴 모든 것을 쓸어 담는 게 아니에요. 자신에게 중요한 것을 골라내는 것이 중요하지요.

상점, 영화관, 서점, 내 취향에 맞는 음악까지 우리는 이미 누군가 골라주는 세상에 살고 있지 않은가! 정보가 과잉된 세상에서 내게 필요한 것을 찾는 능력은 업무 종류와 상관없이 필요한 일일 터였다. 지식노트를 쓰는 일 하나라도 말이다.

― 수직과 수평의 접점에서 인사이트가 생긴다

지식을 관리하기 위해 지식노트를 만드는 일은 점점 중요한 일로 다가왔다. 중요한 지식도 맥락 없이 떨어져 있을 때는 의미가 없었다. 그야말로 뭉치면 살고 흩어지면 죽는 것과 비슷했다. 자신만의 지식노트를 만들면 어느 순간 분명 관점이 생기고 그 관점은 특별한 인사이트로 이어질 터였다. 인사이트에 대한 이야기를 하니 강대표가 빙그레 웃으며 곧장 대답을 했다.

강 대표　물론 책을 한 권 읽어도 나름대로의 인사이트가 생기지요. 하지만 우리가 하는 일을 하늘에서 바라보듯 꿰뚫는 인사 이트는 한 권을 깊이 읽는다고 생기는 것도 아니고, 많이 읽는다고 생기는 것도 아니에요. 목적을 가지고 깊고 넓게, 꾸준히 읽을 때 비로소 생기는 것이지요. 예를 들어 지금 당장 홍 팀장님의 고민은 무엇인가요?

홍 팀장 팀장으로서 성과를 높이는 것이요.

강 대표 좀 더 구체적으로 말한다면요?

홍 팀장 지금 1인 가구를 위한 제품을 출시하려고 합니다. 기획안이 좋아서 통과는 되었는데 향후 어떻게 발전시키고 성장시킬지 맥이 잘 잡히지 않아요.

강 대표 좋아요. 1인 가구를 위한 제품을 출시하는 것이 현재 고민이고, 지식관리를 통해 이것에 대한 인사이트를 얻는 것이 우리의 목적이라고 칩시다. 우선 책을 선택해야겠지요. 어떤 책을 고르시겠어요?

홍 팀장 생각하기에 따라 방대한 것 같은데…….
아! 지식관리는 수없이 많은 책들 중에서 무엇을 선택하는 일에서부터 시작되는 거군요!
20~30대 전문직으로 한정한다고 했을 때 1인 가구가 생긴 배경, 그들의 소비 트렌드와 패턴, 그리고 감정과 감수성을 알 수 있는 책들을 고를 것 같아요.

강 대표 그래요. 우선 책을 선별했다면 우리에겐 두 가지 길이 있습니다. 목적에 따라 다른 길이죠. 우리가 가고자 하는 목적지를 어딘가의 좌표라고 생각해봅시다.

여러 각도에서 입체적으로 책을 읽자

옆으로 넓게 뻗어가는 수평적 책 읽기와
깊숙이 파고드는 수직적 책 읽기를 함께할 때
입체적 책 읽기의 인사이트가 나온다

한 가지 주제를 두고 깊이 천착할 필요가 있다면 그 주제를 다루는 책들을 10권 이상 읽어보는 겁니다. 예를 들어 감정에 대한 것이라면 감정을 다룬 책들만 모아서 읽는 겁니다. 이렇게 하나의 주제를 두고 안으로 파고들듯 수직적으로 읽어나가는 방법은 좌표 위에 세로선을 긋는 일과 같습니다. 반면 2030세대만이 가진 특성과 다른 세대와의 차이점을 알려면 그들을 다룬 영화, 문학, 경제, 정치 등 다양한 분야의 책을 읽는 게 좋겠죠. 이것은 좌표 위에 가로선을 긋는 일이죠.

홍 팀장 옆으로 넓게 뻗어가는 수평적 책읽기라고 볼 수 있겠네요.

강 대표 자, 이렇게 가로와 세로가 만나 좌표가 생기지요? 선들이 만난 지점에 점을 크게 찍으면 여기가 바로 우리의 목적지입니다. 하지만 이것만으로는 부족합니다. 인사이트는 평면적 책 읽기에서는 절대 나올 수 없으니까요.

홍 팀장 제가 지금까지 해왔던 것이 평면적 책 읽기였군요.

─ 아무리 좋은 인사이트도 실천하지 않으면 0점

강 대표 주어진 정보와 지식을 어떻게 통합하고 그로부터 인사이트를 끌어낼 것인가가 중요합니다. 그냥 책만 읽어서는 얻을 수 없습니다.

입체적인 인사이트는 생각에서 나오지요. 그래서 독서를 강조하는 것이고, 체계적인 지식관리를 중요하게 여기는 겁니다. 이렇게 될 때까지는 당연히 시간이 걸립니다. 혹시 오래전에 농구 국가대표였던 방열 감독을 아시나요?

홍 팀장 글쎄요, 모르겠습니다.

강 대표 방열 감독이 한번은 국가대표 농구 선수들을 데리고 시골마을로 전지훈련을 갔다고 합니다. 당연히 잠자리에 늦게 들었겠지요.

감독이다 보니 선수들이 걱정이 되어 새벽에 일어나 인원점검을 했습니다. 아니나 다를까 한 선수가 도망가고 없었죠. 마을을 이 잡듯 뒤졌는데도 발견할 수가 없었어요. 그러던 중 초등학교의 분교를 지나가는데 쿵쿵, 소리가 들렸습니다. 소리가 나는 곳을 가보니 그토록 찾아 헤맸던 선수가 열심히 점프 슛 연습을 하고 있었고, 콜택시 기사가 옆에서 볼보이를 하고 있었습니다.

홍 팀장 그 야밤에! 그 선수가 누군가요?

강 대표 '슛 도사'라는 별명으로 한 시대를 풍미했던 이충희 선수였답니다. 그는 당시도 최고의 선수였지요. 그는 선수 시절 매일 점프 슛을 천 개씩 던졌다고 해요. 비가 오나 눈이 오나 하루도 거르는 법이 없었다지요. 이미 최고의 위치에 있었는데도 연습을 거르지 않았던 이충희 선수를 가리켜 방열 감독은 '짐승 같은 성실함'이라고 표현했다고 합니다.

홍 팀장 짐승 같은 성실함. 아무나 들을 수 있는 말은 아닐 것 같네요.

강 대표 지식관리는 하루아침에 이뤄지는 게 아니지요. 시작은 쉽지만 유지하기는 어려운 법이니까요. 물 한 방울이 바위를 뚫듯이 끈기와 인내가 필요한 일입니다. 첫 술에 배부를 수는 없으니까요.

하지만 홍 팀장은 한 숟가락으로 이미 배가 불렀다. 오늘 들은 이야기만으로도 자신에게는 엄청난 인사이트가 생긴 것 같았기 때문이다. 강 대표가 오늘 눈앞에 처음 보여준 것은 단순히 냅킨 한 장이었지만 홍 팀장의 눈에는 지혜로운 현자의 두루마기로 보였다.

04

실행력을 10만 배
높이는 방법

─ 승부사의 전략은 디테일에서 태어난다

강 대표는 가방에서 바인더를 한 권 꺼냈다. 바인더 가득 본인이 직접 책을 읽고 정리한 기록들이 들어 있었다. 크기는 A5 사이즈였다. 시중에서 흔히 구할 수 있는 바인더였다. 어떤 사람은 바인더를 보고도 그냥 지나치겠지만 지금 이 순간 홍 팀장에게는 엄청난 발견이었다. 평범한 바인더가 지식노트가 되어 눈앞에 있었기 때문이었다.

강 대표가 바인더를 펼치자 입이 떡 벌어졌다. 손 글씨로 빼곡하게 책 내용들이 기록되어 있었다. 본 것, 깨달은 것, 적용할 것은 물론 언제부터 언제까지 몇 회에 걸쳐서 읽었는지, 완독한 것인지, 읽고 있는 것인지 알 수도 있었고, 메모도 덧붙여진 것들이 많았다.

한 장 한 장 넘길수록 강 대표의 내공이 느껴졌다. 자신에게 했던 주옥같은 말들, 그 지식과 인사이트는 그냥 나온 것이 아니었다. 지방대 출신에 꼴찌로 기업에 입사했다는 말이 정말인지 의심이 될 정도였다.

한 권의 책이 한 장으로 끝나는 경우도 있었지만 대개는 몇 장에 걸쳐서 정리가 되어 있었다. 중간에 새로 써 넣어도 연이어 끼워 넣을 수 있는 게 장점이라고 했지만 직접 눈으로 보니 실감이 났다. 강 대표는 손으로 가리키며 일일이 설명을 해주었다. 홍 팀장의 눈에 가장 띈 부분은 적용 부분이었다. 지식노트 한 권에 담겨 있는 것만 모아도 그 수가 100개는 넘을 듯 했다.

강 대표는 지식노트를 1000권 정도 가지고 있다고 했다. 입이 떡 벌어졌다. 1000권이라면 10만 개가 넘는 실천 사항이 나온다는 얘기다. 자신이 지금까지 만난 강 대표를 생각하면 왠지 그것을 모두 실천했을 것만 같았다. 그중에는 실천하기 쉬운 것도 있었을 테고, 어려운 것도 있을 터였다. 하지만 절반만 성공했다 하더라도 보통 일이 아니었다. 홍 팀장은 할 말을 잇지 못했다.

회사에 꼴찌로 입사했지만 35살이라는 나이에 본부장의 자리에 오른 것은 동기들 중 두 명에 불과했다. 그중의 한 명이 강 대표였다. 경력의 정점을 찍고 보험 세일즈로 전업했지만 당시 월급이 120만 원에 불과했다고 한다.

홍 팀장 와, 이렇게 정리하는 데 시간은 많이 안 걸리셨어요?

강 대표 처음엔 어느 정도 시간이 필요했죠. 그런데 지금은 습관이
        되어서인지 읽는 것과 동시에 쓰는 것도 금방 해요.

홍 팀장 눈으로 보니 실감이 나네요. 보고 느낀 점을 꾸준히 써보는
        것만으로도 생각의 힘이 길러질 것 같은데 현실에 적용하는
        것까지 노트에 적고 행동으로 옮기셨을 테니까요.

강 대표 처음엔 저도 한 가지를 실천하는 것부터 시작했죠. 월급
        120만 원을 받으며 좌절에 빠졌던 제가 다시 마음을 다잡
        았던 것도 꾸준히 책을 읽고 행동으로 옮기고 지식을 관리
        했던 덕분이었어요. 회사에서 배웠던 것을 다른 업무에도
        적용했던 것이죠. 그 결과 10개월 만에 최고 실적을 내는 세
        일즈맨이 될 수 있었습니다.

지식노트는 남들에게 보여주기 위한 것이 아니다. 철저하게 자신
에게 도움이 되기 위해 만드는 것이다. 겉만 번지르르하게 만들려고
하다간 한 달도 채 되지 않아 지칠 수가 있다. 꾸준히 하되, 즐거움
이 있어야 계속할 수 있는 원동력이 생긴다는 것을 마음에 새겼다.

처음 지식노트를 만들 땐 번거롭고 복잡하게 느껴질지도 모르겠
다. 본깨적을 지킨다면 홍 팀장만의 스타일대로 만들어볼 일이었다.
다만 중요한 것은 지식노트도 독서와 마찬가지로 목적을 분명히 해
야 한다는 점이었다. 그 원동력이 한마디로 '실천'인 것이다.

296

한 권의 책을 읽는 방법도, 한 권의 지식노트를 만드는 방법도 사람마다 성격이 다르듯 각자 포인트를 두는 점이 다르다. 하지만 어떤 방식, 어떤 스타일로 만들더라도 변화를 위해 행동으로 옮기는 게 중요하다는 것을 꼭 기억해야 한다고 강 대표는 몇 번을 강조했다.

바인더로 만들든, 스탬플러로 찍든, 파일에 넣어두든, 중요한 것은 적용이라는 것. 그게 바로 지식노트를 1000%로 사용하는 최고의 방법이라고 홍 팀장은 생각했다.

— DNA, Detail, Digilog 실행력을 높이는 3D 실천법

강 대표의 지식노트를 구경하는 재미는 쏠쏠했다. 마치 마법의 시크릿 노트를 보고 있는 기분마저 들었다. 적용 부분만 골라서 읽어보는데 홍 팀장도 당장 해보고 싶은 것들이 많았다.

'그런데 대표님은 어떻게 이것을 꾸준히 실천할 수 있었을까?'

홍 팀장은 바로 물어보았다. 그 비결을 알 수만 있다면 자신도 지식노트를 업무에 활용해 실적을 낼 수 있을 것만 같았다.

홍 팀장 실천이 중요하다는 것을 알아도 실제로 행동하지 않으면 의미가 없잖아요. 실행력을 높일 수 있는 방법이 있을까요?

강 대표 물론 있지요. 3D 기법을 사용해보세요.

홍 팀장   3D요?

강 대표   실행력을 높이는 방법이지요. 첫 번째는 디엔에이DNA 유무
에 의한 조직능력 시뮬레이션이에요. 기본적으로 회사와 업
무를 이끌어갈 수 있는 기준이 될 만한 자료를 가지고 있느
냐 없느냐가 이에 해당되지요. 독서뿐만이 아니라 업무와
생활 전반에 걸쳐 중요하고 남들에게도 도움이 될 만한 것
들을 기록해두세요. 이때 지식노트도 잘 활용하시고요.

홍 팀장   네. 잘 알겠습니다. 두 번째는 뭔가요?

강 대표   디테일Detail입니다. 아주 작고 사소한 것이라도 놓치지 않
고 기록하고 실행함으로써 이후에 나타나는 큰 변화나 변수
에 대비할 수 있지요.
"신은 디테일에 깃든다"는 말이 있지요. 작은 차이가 큰 차
이를 만들어내듯, 아주 작은 실수가 나중에 큰일로 번지는
법입니다. 대개는 자신의 실수를 만회해보려고 보고를 늦추
었다가 사태가 걷잡을 수 없이 커지는 경우가 많은데 호미
로 막을 일을 크레인으로 막게 되는 꼴입니다.

강 대표   그리고 마지막으로 세 번째는 디지로그Diglog에요.

홍 팀장   디지로그요?

강 대표   이어령 교수가 쓴 말입니다. 이 분 참 대단하신 분이죠. 우
리나라에 이런 석학이 계시다는 것만으로도 큰 자랑이에요.
제가 통찰에 대해선 이 분의 책을 읽고 깨달은 바가 많아서

북 멘토로 삼고 있지요.

홍 팀장 디지로그란 말은 디지털과 아날로그의 합성어 같은데…….

강 대표 그렇습니다. 아무리 디지털 시대라고 하지만 아날로그적인 면이 따라주지 않으면 제한적인 성과를 이룰 수밖에 없지요. 두 가지를 다 활용하면 하나만 쓰는 것보다 훨씬 효과가 높습니다. 한 쪽 날개로 날 수 없는 것과 같은 이치라고나 할까요. 더 높이, 더 멀리 가려면 두 날개가 반드시 필요하죠. 지식노트 또한 디지로그라고 할 수 있어요.

홍 팀장은 "과연!" 하고 웃으며 다시 한 번 강 대표의 지식노트를 바라보았다. 만들어진 방식 자체가 디지털 기기를 쓰면서도 아날로그 방식을 혼합하고 있었다. 앞으로 자신도 이 세 가지를 써보기로 마음먹었다.

실행력을 높이는
독서 솔루션 13

흐름을 꿰뚫는 지식 정리

독서의 지식화가 필요한 이유

공부하여 남 주냐고 하지만 우리는 공부해서 남 주기 위해 책을 읽습니다. 책을 읽고 지식을 쌓고 자신의 삶을 변화시키는 일이 왜 필요할까요? 혼자 잘사는 것을 넘어 우리가 배우고 실천해 얻어낸 경험을 공유하며 더 나은 세상에 기여하는 것이 가치 있는 일이기 때문입니다.

지식노트 만들기

지식노트를 만드는 목적은 자신이 읽은 책들을 정리하여 지식화를 하기 위해서입니다. 지식노트에 들어갈 내용은 도서리스트, 추천도서리스트, 독서노트, 좋은 글, 소식지, 스크랩 등이 있습니다.

300

지식노트 가이드

섹션(Index)	항목(이름)
1. 도서 리스트	• 도서 리스트/추천도서 리스트 • 나비독서포럼 추천도서 리스트
2. 본깨적 노트	• 독서노트, 마인드맵 • 토론 일지
3. 좋은 글	• 좋은 글 노트 • 아이디어 노트
4. 스크랩	• 소식지 • 신문&스크랩 자료

독서 DNA 만드는 법

독서는 몸에 익힐수록 좋은 습관입니다. 독서 DNA를 만들어 몸과 마음 깊은 곳에 뿌리를 내리게 하세요.

1. 좋은 책은 여러 번 재독하세요.

다독 콤플렉스는 버리는 게 좋습니다. 내 몸의 피와 살에 각인될 때까지 깊게 꾹꾹 눌러 읽으세요. 인지는 행동에 영향을 미치고 태도는 습관으로 변화됩니다. 책은 KTX를 타는 것처럼 빨리 읽는 것보다 완행열차를 타고 가듯 천천히 읽어야 합니다. 중요한 것은 속도가 아니라 울림입니다. 밀도가 있는 책을 선택해서 여러 번 반복해서 읽으세요.

2. 다양한 종류의 책을 읽으세요.

한쪽으로 편식하지 않아야 몸이 건강해지듯 독서도 마찬가지입니다. 다양한 책을 읽으면 생각의 기초체력을 기를 수 있습니다. 많은 사람과의 만남을 통해 다른 사람의 다양한 관점을 포용하는 마음이 생기듯 다양한 분야의 독서는 성숙한 사람으로 키워줍니다. 경영, 전략 등의 책만 읽으면 인생이 풍요롭지 않습니다. 문학, 실용 등 골고루 읽으세요.

3. 울림이 있는 문장, 단어는 스크랩하세요.

사람은 망각의 동물입니다. 막상 꺼내 쓰려고 하면 어디에 있는지 찾을 수가 없지요. 밑줄, 포스트잇, 블로그 등에 나만의 언어로 정리해두세요.

05

지식에
가치를 부여하라

─ 급조된 지식은 독서 내공을 절대 이길 수 없다

홍 팀장과 강 대표는 시간 가는 줄 모르고 대화에 푹 빠져 있었지만 그러는 동안에도 시계 바늘은 자신의 역할에 충실했다. 어느새 한 시간 반이 훌쩍 지나 있었다. 지금부터 하는 이야기가 독서 멘토링을 매듭짓고 통합하는 내용일 터였다. 홍 팀장은 커피를 새로 주문했다. 뜨거운 커피를 마시자 쫓기는 마음이 사라지고 다시 여유가 생겼다. 강 대표가 천천히 이야기를 시작했다.

강 대표 경영학의 아버지라 불리는 피터 드러커 교수는 경영에는 세 가지가 있다고 말했습니다. 자기경영, 조직경영, 그리고 사회경영이지요. 이 세 가지는 유기적인 관계를 맺고 움직입

니다. 그런데 이런 경영에도 우선순위가 있어요. 혹시 '비풍
초똥팔삼'이라는 말 들어보셨나요?

홍 팀장 고스톱 칠 때 쓰는 말이잖아요. 먹을 것이 없을 때 패를 버
리는 순서를 가리키는 말이요.

강 대표 네. 고스톱에서 패를 버리는 순서도 있는데 하물며 경영에
서야 말할 것도 없지요. 옛말에 '수신제가치국평천하'라고
했습니다. 자신을 먼저 다스린 후 집안과 나라를 평안하게
한다는 뜻이지요. 이처럼 모든 일에는 먼저 할 일이 있습니
다. 경영에도 기초가 되는 첫 번째 순서는 '자기경영'입니다.
그럼 자기경영의 가장 우선순위는 뭐냐 하는 질문이 나오겠
지요. 홍 팀장님은 뭐라고 생각하세요?

홍 팀장 경영이니까 아무래도 성과를 내는 것이겠지요.

강 대표 맞습니다. 성과는 크게 세 가지로 나눠지지요. 첫 번째는 직
접적인 성과입니다. 회사로 따진다면 매출이나 고객 수가
되겠지요. 개인적으로는 연봉이 되겠고요. 어느 조직에서 만
약 직접적인 성과만 강조한다면 어떻게 될까요?

홍 팀장 서로 라이벌 의식이 강해져서 경직되고 삭막해질 것 같아요.

강 대표 그래서 두 번째 성과가 중요합니다. 미국이나 유럽에서
100년이나 200년 된 회사들이 강조하는 것이기도 하지요.
바로 가치의 창조와 재확인이에요.

304

강 대표는 벽돌공에 대한 이야기를 들려주었다. 두 명의 벽돌공이 일하는데 한 명은 매일 되풀이 되는 일에 투덜거리며 하루가 끝나기만을 기다렸다. 그는 자신을 힘든 일을 하는 벽돌공이라고 여겼을 뿐이었죠. 다른 한 명은 자신이 놓은 벽돌 한 장 한 장이 쌓여 성당이 되는 것을 매일 감탄 어린 눈으로 바라보았다. 자신이 하는 일은 성당을 짓는 성스러운 일이라고 생각했다. 두 사람은 벽돌공으로서 똑같은 지식을 갖고 있었지만 만족도와 행복도는 하늘과 땅 차이만큼이나 컸다. 왜 그랬을까?

자신이 하는 일에 가치를 부여하는 게 달랐기 때문이다. 지식노트를 백 권을 쓴들 자신이 하는 일에서 가치를 찾지 못한다면 그 일은 괴로운 노가다에 불과할 것이다. 아무리 좋은 일이라고 누가 말해도 자신의 마음이 동하지 않으면 괴로운 법이기 때문이다. 그래서 더욱 가치를 찾고 의미를 부여하는 일이 중요한 것이다.

홍 팀장 재확인은 어떤 건가요?

강 대표 한마디로 반복교육이지요. 저도 경영하는 회사에서 직원들의 지식노트를 보고 피드백을 줄 때가 있습니다. 지식노트를 보면 그의 성실성과 관리능력, 리더십을 한눈에 파악할 수 있지요. 급조가 불가능하니까요. 이런 재확인을 통해 우리 회사의 비전과 가치를 재확인하고 있습니다.

성과의 세 번째는 사람을 키우는 인재육성입니다.

일반적으로 회사가 어려워지면 교육예산부터 깎는데 이것
은 굉장히 위험한 일입니다. 개인에게 적용해도 마찬가지지
요. 어떤 경우라도 책을 사고 강연을 듣는 데 인색해지지 마
세요. 성장이 멈춘 정신은 더 이상 발전이 없기 때문입니다.

강 대표는 특히 마지막 말을 힘주어 이야기했다. 지식관리가 필
요한 이유도 성장하기 위한 내적 동력을 가지기 위해서일 터였다.
강 대표와의 독서 멘토링이 헛되지 않게 하기 위해서라도 지금 한
말을 잊지 않겠노라고 홍 팀장은 힘 있게 고개를 끄덕였다.

06

지식을 쌓는 기술자,
지식을 관리하는 전문가

― 지식근로자가 되는 3가지 조건

강 대표   자, 지금 하는 말이 제가 홍 팀장님께 드리는 마지막 말인
것 같네요. 우리가 처음 만났던 때를 기억하시나요?

홍 팀장   어떻게 그날을 잊겠습니까? 수렁에서 다시 건져진 날이나
다름없는걸요.

강 대표   그럼 첫날의 이야기를 이제 매듭짓도록 하지요. 저와 홍 팀
장님이 만나서 이야기를 나누었던 것은 독서를 통해 어떻게
자기경영을 이룰 것인가 하는 것이었습니다. 질문을 하나
하지요. 자기경영의 경영자는 누구인가요?

홍 팀장   자기 자신입니다.

강 대표   그래요. 예전에는 회사를 운영하는 사장, 혹은 기관의 장 등

조직의 대표를 맡은 사람만 경영자라고 했지만 이제는 개념이 달라졌지요. 자기 인생의 경영자는 누가 뭐라고 해도 자기 자신입니다.

이번엔 좀 더 범위를 좁혀봅시다. 경영자는 주로 한 분야의 프로페셔널인 경우가 많은데 프로페셔널은 두뇌를 사용해서 일하기 때문에 지식근로자라고도 합니다. 이건 직급과 관련이 없어요. 사장이 되었든 과장이 되었든 대리가 되었든 신입사원이 되었든 두뇌를 써서 일을 하는 한 그 사람은 경영자입니다.

홍 팀장 어떤 사람을 지식근로자라고 할 수 있나요? 다른 사람들과 구별되는 특징이 있나요?

강 대표 지식근로자는 세 가지 특징을 갖고 있어요.

첫 번째는 현장지식을 갖고 있다는 점입니다. 대학에서 배운 전공이 내 전공이 아니라 현장에 있는 지식이 내 전공이고, 그 현장의 지식을 업그레이드 시킬 수 있는 사람이지요. 두 번째는 지식화 능력입니다. 머릿속에 있는 지식을 '암묵지'라고 하고 이런 지식을 문서 등 다양한 형식으로 표현하는 것을 '형식지'라고 하지요. 예를 들면 청소하는 방법을 매뉴얼로 만드는 것 같은 것이죠. 이렇게 암묵지를 형식지로 표현하는 능력이 지식화 능력입니다.

홍 팀장 마지막으로 세 번째는요?

강 대표 전파하고 공유하는 능력입니다. 일반적으로 기술자들은 가르치는 일을 잘 하지 않아요. 내 노하우나 기술이 오픈되면 밥그릇이 사라질 위험이 있기 때문이죠. 그러나 전문가는 아낌없이 나눠줍니다. 그리고 나눠준 그 이상을 돌려받지요. 지식만 갖고 있다고 전문가가 되는 것은 아닙니다. 지식 관리를 한다는 것은 기술자가 아니라 전문가가 된다는 의미지요.

갈래갈래 나뉘었던 강물이 하나로 합쳐져 거대한 바다가 되듯, 강 대표가 해준 다양한 이야기들이 홍 팀장의 마음속에서 하나로 이어지고 있었다. 따로 떨어져 있던 구슬이 줄 하나에 가지런히 엮이는 듯했다. 자신이 어디로 가야 할지 방향이 선명해진 것이다. 그리고 때맞춰 강 대표가 마지막 질문을 던졌다.

강 대표 지금까지 제가 홍 팀장님께 해드린 독서 멘토링도 어떻게 하면 독서를 통해 자신을 전문가로 경영할 것이냐, 하는 것이었습니다. 어떠신가요? 답은 찾으셨나요?

강 대표가 홍 팀장을 지극한 눈으로 바라보았다. 홍 팀장도 말없이 강 대표의 눈을 들여다보았다. 이심전심. 말은 없었으나 두 사람은 침묵을 통해 심정을 공유하고 있었다. 그동안 강 대표에게 받은 도움은 어떻게 다 말로 표현할 수가 없었다. 강 대표도 굳이 말로 감사 인사를 받아야 한다고 생각하진 않았다.

홍 팀장은 앞으로 자신의 삶을 통해 강 대표에게 받은 은혜를 갚으리라 생각했다. 자신이 받은 이 무한한 감사를 타인에게 베풀고 싶다는 생각도 들었다. 그러기 위해서라도 좀 더 자기경영에 힘써야 할 일이었다. 다섯 번에 걸친 만남이 모두 끝났다. 강 대표는 자신의 지식노트를 펴더니 한 곳에 시선을 멈추었다. 그리곤 낮은 목소리로 읽기 시작했다.

처음처럼

처음처럼 하늘을 만나는 어린 새처럼
처음으로 땅을 밟고 일어서는 새싹처럼
우리는 하루가 저무는 저녁 무렵에도
아침처럼 새봄처럼 처음처럼
항상 새로이 시작되고 있다.

－신영복

강 대표 어떤 답을 찾으셔도 좋습니다. 홍 팀장님에게 자기경영은
　　　　　혼자만의 성공이 아니라 주변을 좀 더 나은 곳으로 만드는

것이라고 믿으니까요. 부디 세상에 선한 영향력을 미치는 분으로 성장하시길 바라겠습니다.

홍 팀장도 강 대표도 마지막 인사는 서로 하지 않았다. 앞으로 언젠가 또 만날 일이 있을 것이라고 믿었기 때문이었다. 다만 강 대표는 돌아서기 직전 이제는 너무나 친숙해진 '빙그레' 미소를 띠운 채 말했다.

강 대표 굿모닝.
홍 팀장 굿모닝.

강 대표와 홍 팀장은 굳게 악수를 나누었다. 뜨겁게 마주 잡은 손과 손 사이로 서로에게 선한 기운을 주는, 긍정의 기운이 가득 흘러넘쳤다. 아침처럼, 새봄처럼, 처음처럼.

부록

1. 인생을 완성하는 '블루북' 리스트

블루북 리스트는 제가 평생의 독서를 통해 찾아낸 보물 같은 독서 리스트를 말합니다. 1권을 선택하기까지 1000여 권의 책들이 거쳐 갔습니다. 삶과 일에서의 문제들에 방향을 제시해줄 수 있는 책, 인생의 토대를 형성해주는 책을 고르고 골랐습니다. 그야말로 수만의 책들 가운데 엄선하여 200권의 리스트를 만들었습니다.

블루북 리스트에는 씨앗독서 50권, 필수독서 100권, 선택도서 50권이 있습니다. '씨앗독서'는 말 그대로 싹을 틔우기 위해 가장 먼저 뿌려야 하는, 기본이 되는 책들입니다. 저는 이 씨앗독서 50권 부터 빠르게 섭렵하는 것을 권장합니다. 그러고 나서 다음 스텝으로 필수도서와 선택도서로 넘어가길 바랍니다. 이 책들을 모두 섭렵할 수 있다면 자신의 분야에서 약 3~5년을 앞당겨 성공을 이뤄낼 수 있다고 확신합니다. 블루북은 인생에서 한 번쯤은 꼭 읽어야할 책이며 소장해놓아야 할 책입니다.

실제로 이 블루북을 통해 변화를 경험한 사례가 무수히 많습니다. 제가 만나고 접했던 30여 만 명의 사람들이 고전하던 문제들, 풀지 못한 과제들을 블루북을 통해 실마리를 얻고 해결해나갔습니다. 여기에 200권의 블루북 리스트를 주제와 분야별로 구분하여 정리했습니다. 이 책을 읽는 독자들도 이 블루북 리스트를 통해 스스로를 성장시키고 미래가치를 창출할 수 있으리라 확신합니다.

블루북 리스트

	구분	분야	씨앗	필수	선택
개인	① 변화를 위한 자기 혁신 블루북	자기계발·성공습관·교육·학습·긍정·변화·독서	12	29	9
	② 삶의 의미와 가치창출을 도와줄 블루북	꿈·비전·사명·목표·커리어	6	6	3
	③ 몸과 마음을 훈련하는 블루북	건강·힐링(환경)	8	10	14
조직	④ 경영 돌파를 위한 블루북	마케팅·전략	7	17	5
	⑤ 업무 전문성을 향상시키는 블루북	경영·업무관리·회사·사업	7	25	12
	⑥ 리더가 되기 위한 핵심지침을 전하는 블루북	리더십·인간관계·팀워크(신뢰)	5	5	2
	⑦ 미래를 개척할 수 있는 블루북	재정·재테크·경제·트렌드·자녀교육·고전·인문학	5	8	5
소계			50	100	50

❶ 변화를 위한 자기 혁신 블루북 리스트

구분	책 제목	저자	출판사	분야
씨앗도서 12권	창업국가	사울 싱어, 댄 세노르	다할미디어	경제경영
	세종대왕의 눈물	김종성, 장춘화	한GLO	교육
	학력파괴자들	정선주	프롬북스	인문학
	생각의 비밀	김승호	황금사자	자기계발
	탤런트 코드	대니얼 코일	웅진지식하우스	자기계발
	본깨적	박상배	위즈덤하우스	자기계발
	백만불짜리 습관	브라이언 트레이시	용오름	경제경영
	아침형 인간	사이쇼 히로시	한스미디어	자기계발
	대한민국 독서혁명	강규형	다연	인문학
	성과를 지배하는 바인더의 힘	강규형	스타리치북스	자기계발
	습관의 힘	찰스 두히그	갤리온	자기계발
	생각을 넓혀주는 독서법	모티머 J. 애들러	멘토	인문학
	조벽 교수의 인재 혁명	조벽	해냄	교육
	정상에서 만납시다	지그 지글러	산수야	자기계발
	성공하는 사람들의 7가지 습관	스티븐 코비	김영사	자기계발
	우리가 오르지 못할 산은 없다	강영우	생명의말씀사	종교/역학
	공부의 달인 호모 쿵푸스	고미숙	북드라망	자기계발

구분	책 제목	저자	출판사	분야
필수도서 20권	생각하는 인문학	이지성	차이	교육
	리딩으로 리드하라	이지성	차이정원	교육
	하버드 스타일	강인선	웅진지식하우스	에세이
	잭 웰치의 마지막 강의	잭 웰치, 수지 웰치	알프레드	경제경영
	책 읽는 방법을 바꾸면 인생이 바뀐다	백금산	부흥과개혁사	인문학
	아웃라이어	말콤 글래드웰	김영사	자기계발
	종이 위의 기적 쓰면 이루어진다	헨리에트 앤 클라우저	한언	자기계발
	이기는 습관	전옥표	쌤앤파커스	경제경영
	완벽에의 충동	정진홍	21세기북스	경제경영
	열정은 기적을 낳는다	메리 케이 애시	나무와숲	경제경영
	다산선생 지식경영법	정민	김영사	인문학
	오리진이 되라	강신장	쌤앤파커스	자기계발
	폰더 씨의 위대한 하루	앤디 앤드루스	세종서적	자기계발
	공부하는 독종이 살아남는다	이시형	중앙북스	자기계발
	행복한 독종	이시형	리더스북	자기계발
	하버드의 생각수업	후쿠하라 마사히로	엔트리	자기계발
	인생에 변명하지마라	이영석	쌤앤파커스	자기계발
	와튼스쿨 인생특강	스튜어트 프리드먼	비즈니스북스	자기계발
	디지털 치매	만프레드 슈피처	북로드	과학
	미라클모닝	할 엘로드	한빛비즈	자기계발
	누가 내 치즈를 옮겼을까?	스펜서 존슨	진명출판사	자기계발

318

구분	책 제목	저자	출판사	분야
	칭찬은 고래도 춤추게 한다.	켄 블랜차드	21세기북스	자기계발
	재능을 단련시키는 52가지 방법	대니얼 코일	신밧드프레스	자기계발
	습관의 재발견	스티븐 기즈	비즈니스북스	자기계발
선택도서 9권	생각하지 않는 사람들	니콜라스 카	청림출판	경제경영
	당신의 책을 가져라	송숙희	국일미디어	인문학
	스스로 움직이게 하라	김종삼	더난출판사	경제경영
	깨진 유리창 법칙	마이클 레빈	흐름출판	경제경영
	장사수업	이영석	다산라이프	경제경영
	나는 3D다	배상민	시공사	에세이
	인생을 바꾼 바인더 독서법 & 글쓰기	유성환	한국평생교육원	인문학
	위대한 나의 발견 강점 혁명	마커스 버킹엄	청림출판	자기계발
	9번째 지능	KBS 세상을 바꾸는 9번째 지능 제작팀 이소연, 이진주	청림출판	자기계발

❷ 삶의 의미와 가치창출을 도와줄 블루북 리스트

구분	책 제목	저자	출판사	분야
씨앗도서 6권	그래도 Anyway	켄트 케이스	더난출판사	에세이
	파라슈트	리처드 볼스	한국경제신문	커리어
	나는 왜 이 일을 하는가	사이먼 사이넥	타임비즈	경제경영
	밥 버포드, 피터 드러커에게 인생 경영 수업을 받다	밥 버포드	DMI	자기계발
	쿨하게 생존하라	김호	모멘텀	자기계발
	그대 스스로를 고용하라	구본형	김영사	경제경영
필수도서 6권	하프타임의 고수들	밥 버포드	DMI	종교/역학
	제대로 살아야 하는 이유	멕 제이	생각연구소	자기계발
	은퇴 후 8만 시간	김병숙	조선북스	경제경영
	익숙한 것과의 결별	구본형	을유문화사	경제경영
	하프타임	밥 버포드	DMI	경제경영
	새로운 미래가 온다	다니엘 핑크	한국경제신문사	마케팅/세일즈
선택도서 3권	나무를 심은 사람	장 지오노	두레	소설/시/희곡
	인생에도 리허설이 있다	박호근	미래를소유한사람들	자기계발
	우리는 천국으로 출근한다	김종훈	21세기북스	경제경영

❸ 몸과 마음을 훈련하는 블루북 리스트

구분	책 제목	저자	출판사	분야
씨앗도서 8권	물, 치료의 핵심이다	F. 뱃맨겔리지	물병자리	건강/취미
	슈퍼 미네랄 요오드	이진호, 황성혁	느낌이 있는책	건강/취미
	불로장생 탑 시크릿	신야 히로미	맥스미디어	건강/취미
	만성피로 극복 프로젝트	이동환	대림북스	건강/취미
	잘못된 식생활이 성인병을 만든다	미국상원영양문제특별위원회	형성사	건강/취미
	다이어트 불변의 법칙	하비 다이아몬드	사이몬북스	건강/취미
	뇌내혁명	하루야마 시게오	사람과책	건강/취미
	식탐을 버리고 성공을 가져라	미즈노 남보쿠	바람	자기계발
필수도서 10권	침묵의 봄	레이첼 카슨	에코리브르	사회과학
	긍정의 힘	조엘 오스틴	긍정의힘	종교/역학
	효소 식생활로 장이 살아난다. 면역력이 높아진다	츠루미 다카후미	전나무숲	건강/취미
	소금, 오해를 풀면 건강이보인다	윤태호	행복나무	건강/취미
	내 몸 내가 고치는 식생활 혁명	조엘 펄먼	북섬	건강/취미
	죽은 의사는 거짓말을 하지 않는다	닥터 월렉	꿈과의지	건강/취미
	내 몸이 아프지 않고 잘 사는법	하비 다이아몬드	한언	건강/취미
	현대인은 효소를 밥처럼 먹어야 한다	김희철	소금나무	건강/취미

구분	책 제목	저자	출판사	분야
선택도서 14권	모리와 함께한 화요일	미치 앨봄	살림출판사	소설/시/희곡
	죽음의 수용소에서	빅터 프랭클	청아출판사	인문학
	농부와 산과의사	미셸 오당	녹색평론사	좋은부모
	몸과 영혼의 에너지 발전소	짐 로허, 토니 슈워츠	한언	자기계발
	어둠의 딸, 태양 앞에 서다	조성희	스타리치북스	에세이
	의사 예수	김종성	전나무숲	종교/역학
	잘먹고 잘사는 법	박정훈	김영사	건강/취미
	면역혁명	아보 도오루	부광출판사	건강/취미
	히포크라테스도 몰랐던 치아와 턱관절의 비밀	정수창	굿자연	건강/취미
	효소영양학개론	김기태 외	한림원	대학교재/전문서적
	건강관리혁명	폴 제인 필저	아이프렌드	경제경영
	소유냐 삶이냐	에리히 프롬	홍신문화사	고전
	뇌의 스위치를 켜라	캐롤라인 리프	순전한나드	종교
	세이비어교회	유성준	평단문화사	종교/역학
	조나단 에드워즈처럼 살 수는 없을까?	조나단 에드워즈	부흥과개혁사	종교/역학
	목적이 이끄는 삶	릭 워렌	디모데	종교/역학

❹ 경영 돌파를 위한 블루북 리스트

구분	책 제목	저자	출판사	분야
씨앗도서 7권	핑크펭귄	빌 비숍	스노우폭스북스	경제경영
	성과를 향한 도전	피터 드러커	간디서원	경제경영
	마켓 3.0	필립 코틀러	타임비즈	경제경영
	더 딥	세스 고딘	재인	경제경영
	일본전산 이야기	김성호	쌤앤파커스	경제경영
	원씽	게리 켈러, 제이 파파산	비즈니스북스	경제경영
	실패에서 성공으로	프랭크 베트거	씨앗을뿌리는 사람	경제경영
필수도서 17권	마케팅 불변의 법칙	알 리스, 잭 트라우트	비즈니스맵	경제경영
	성공하는 기업들의 8가지 습관	짐 콜린스	김영사	경제경영
	좋은 기업을 넘어 위대한 기업으로	짐 콜린스	김영사	경제경영
	STICK 스틱!	칩 히스, 댄 히스	엘도라도	경제경영
	불씨 1,2	도몬 후유지	굿인포메이션	소설/시/희곡
	싸우고 지는 사람 싸우지 않고 이기는 사람	송병락	청림출판	경제경영
	CEO, 위기보다 강해져라	김형환	팜파스	경제경영
	아마존은 왜? 최고가에 자포스를 인수했나	이시즈카 시노부	북로그컴퍼니	경제경영
	블루오션 전략	김위찬, 르네 마보안	교보문고	경제경영

구분	책 제목	저자	출판사	분야
필수도서 17권	당신은 전략가입니까?	신시아 A. 몽고메리	리더스북	경제경영
	꿀벌과 게릴라	게리 해멀	세종서적	경제경영
	앨빈 토플러 부의 미래	앨빈 토플러, 하이디 토플러	청림출판	경제경영
	넥스트 소사이어티 NEXT SOCIETY	피터 드러커	한국경제신문사	경제경영
	2018 인구절벽이 온다	해리 덴트	청림출판	경제경영
	만만한 손자병법	노병천	세종서적	자기계발
	피터 드러커, 그가 남긴 말들	사토 히토시	알에이치코리아	자기계발
	DID로 세상을 이겨라	송수용	성공신화	자기계발
선택도서 5권	지적자본론	마스다 무네아키	민음사	경제경영
	P31	하형록	두란노	종교/역학
	생각의 속도로 실행하라	제프리 페퍼, 로버트 I. 서튼	지식노마드	경제경영
	돈, 기술, 인맥 없이 도요타와 싸워 이기는 전략	쿠리모토 타다시	살림출판사	경제경영
	더 골The Goal	엘리 골드렛, 제프콕스	홍익기획	경제경영

324

❺ 업무 전문성을 향상시키는 블루북 리스트

구분	책 제목	저자	출판사	분야
씨앗도서 7권	세계 최고의 인재들은 왜 기본에 집중할까	도쓰카 다카마사	비즈니스북스	자기계발
	TIME POWER 잠들어 있는 시간을 깨워라	브라이언 트레이시	황금부엉이	자기계발
	관리자를 죽여라	하우석	책읽는수요일	경제경영
	춤추는 고래의 실천	켄 블랜차드, 폴 마이어	청림출판	경제경영
	목표 그 성취의 기술	브라이언 트레이시	김영사	자기계발
	구본형의 필살기	구본형	다산라이프	자기계발
	청소력	마쓰다 미쓰히로	나무한그루	자기계발
	아침 청소 30분	고야마 노보루	소담출판사	경제경영
	프로페셔널의 조건	피터드러커	청림출판	경제경영
	인생이 빛나는 정리의 마법	곤도 마리에	더난출판사	자기계발
	창업자금 23만 원	전지현	클라우드나인	경제경영
	타임 매직	리 코커렐	다산북스	자기계발
	기업이 원하는 변화의 리더	존 코터	김영사	기업/경영
	퍼펙트 워크	왕중추, 주신위에	다산북스	성공
	피드백	김경민, 이정란	뷰티플휴먼	자기계발

구분	책 제목	저자	출판사	분야
필수도서25권	체크! 체크리스트	아툴 가완디	21세기북스	경제경영
	브리꼴레르	유영만	쌤앤파커스	경제경영
	무인양품은 왜 싸지도 않은데 잘 팔리는가	에가미 다카오	한스미디어	경제경영
	아킨도	홍하상	바우하우스	경제경영
	만약 고교야구 여자 매니저가 피터드러커를 읽는다면	이와사키 나쓰미	동아일보사	경제경영
	사장이 희망이다	고야마 노보루	비즈니스맵	경제경영
	좋아 보이는 것들의 비밀	이랑주	인플루엔셜	경제경영
	펄떡이는 물고기처럼	스티븐 C. 런딘	한언	경제경영
	겅호!	켄 블랜차드, 셸든 보울즈	조천제	경제경영
	육일약국 갑시다	김성오	21세기북스	자기계발
	적극적 사고방식	노만 V. 필	지성문화사	자기계발
	인재경영의 법칙	존 맥스웰	비전과리더십	자기계발
	그릿	앤절라 더크워스	비즈니스북스	자기계발
	나는 스타벅스보다 작은 카페가 좋다	조성민	라온북	유통/창업/경영관리
	실행이 답이다	이민규	더난출판사	자기계발
	엑설런트 컴퍼니	워터먼 앤 피터즈	21세기북스	경제경영
	디테일의 힘	왕중추	올림	경제경영
	180억 공무원	김가성	쌤앤파커스	자기계발
	학습하는조직	피터 센게	에이지21	경제경영
	퍼스널 MBA	조쉬 카우프만	진성북스	경제경영

구분	책 제목	저자	출판사	분야
선택도서 12권	IT시대의 과제달성형 목표관리	야사에 스에미츠	오즈컨설팅	경제경영
	원점에 서다	사토 료	페이퍼로드	경제경영
	작은 가게 성공 매뉴얼	조성민	라온북	경제경영
	리더가 넘어선 위대한 종이 한 장	최윤규	고즈원	자기계발
	기적의 사과	이시카와 다쿠지, 기무라 아키노리	김영사	자기계발
	일을 했으면 성과를 내라	류랑도	쌤앤파커스	자기계발
	절차의 힘	사이토 다카시	좋은생각	자기계발
	성과의 가시화	엔도 이사오	다산북스	자기계발
	하이퍼포머	류랑도	쌤앤파커스	자기계발

❻ 리더가 되기 위한 핵심지침을 전하는 블루북 리스트

구분	책 제목	저자	출판사	분야
씨앗 도서 5권	사람은 무엇으로 성장하는가	존 맥스웰	비즈니스북스	자기계발
	원피스식, 세계 최강의 팀을 만드는 힘	야스다 유키	에이지21	자기계발
	88연승의 비밀	존 우든, 스티브 제이미슨	클라우드나인	자기계발
	5가지 사랑의 언어	게리 채프먼	생명의말씀사	종교/역학
	미움받을 용기	기시미 이치로, 고가 후미타케, 전경아	인플루엔셜	인문학
필수 도서 5권	행동하는 리더의 체크리스트	마이클 유심	매일경제신문사	경영경제
	에너지버스	존 고든	쌤앤파커스	경제경영
	사람은 믿어도, 일은 믿지 마라!	고야마 노보루	좋은책만들기	경제경영
	협상의 법칙	허브 코헨	청년정신	경제경영
	프레임	최인철	21세기북스	자기계발/ 성공처세
선택 도서 2권	하이퍼포머 팀장매뉴얼	류랑도	쌤앤파커스	경제경영
	가르시아 장군에게 보내는 편지	엘버트 허버드	새로운제안	자기계발

❼ 미래를 개척할 수 있는 블루북 리스트

구분	책 제목	저자	출판사	분야
씨앗도서 5권	내 아이를 위한 감정코칭	존 가트맨, 최성애, 조벽	한국경제신문	육아/교육
	우리 아이 내면의 힘을 키우는 몰입독서	최희수	푸른육아	학습/학교
	아이의 숨겨진 능력을 이끌어 내는 4개의 스위치	요코미네 요시후미	토트출판사	좋은부모
	유대인 엄마의 힘	사라 이마스	예담friend	좋은부모
	다섯 가지 부의 비결	크래그 힐	하늘양식	종교/역학
필수도서 8권	부모라면 유대인처럼	고재학	예담friend	종교/역학
	시 읽기 좋은날	김경민	쌤앤파커스	에세이
	오제은 교수의 자기 사랑 노트	오제은	샨티	인문학
	시 읽는 CEO	고두현	21세기북스	자기계발
	마틴 셀리그만의 긍정심리학	마틴 셀리그만	물푸레	자기계발
	시를 잊은 그대에게	정재찬	휴머니스트	에세이
	화폐 전쟁	쑹훙빙	랜덤하우스 코리아	경제경영
	초등 고전읽기 혁명	송재환	글담	좋은부모
선택도서 5권	협동조합, 참 좋다	김현대, 하종란, 차형석	푸른지식	경제경영
	자녀교육 혁명 하브루타	전성수	두란노	종교/역학
	재무심리에 답이 있다	정우식	트러스트북스	경제경영
	에너지 혁명 2030	토니 세바	교보문고	경제경영
	21세기 지식경영	피터 드러커	한국경제신문사	경제경영

2. 솔루션 독서 성공 후기

기록관리를 통해 인생에 베이스캠프를 치다 _이정은

열심히 살아온 인생이라고 생각했는데 아이를 낳고 육아 휴직을 하는 동안 우울감이 찾아왔다. 활기에 가득 차 있던 내 인생이 바람 빠진 고무풍선처럼 쪼그라들어 볼품도 없고 의미도 없는 것 같았다. 시간이 무의미하게 흘러갔다는 생각만 들었다. 육아 휴직 중인 나에게 주어진 중요한 업무는 없었다. 교사 일과 육아를 하며 그때그때 울며 겨자 먹기 식으로 처리하는 일이 늘어날 뿐이었다.

'내 인생 이대로 끝나도 되나?'

한 번도 하지 않았던 질문이 생겨났다. 사실 홀로 아이를 키우면서 불평이 많았다. 육아에 대한 전문성이 뒤처지는 것은 아닌가 하는 두려움도 시시때때로 올라왔다. '이정은'이라는 이름은 사라지고 '아이 엄마'만 있는 것 같아 우울감에 빠지기도 했다.

어떻게 해서든 이런 상황에서 벗어나고자 손에 잡게 된 것이 책이었다. 처음엔 그저 답답한 마음을 풀어보고 싶어서였다. 그런데 차츰 내 안에서 뭔가 움직이는 게 느껴졌다. 한 권 두 권 책을 읽으면서 나를 다시 발견하게 되었다. 책은 내 안의 열정을 다시 살렸다. 독서교육을 받으며 막연하게 취미로 책을 읽는 것으로 그치지 않고 행동으로 옮기며 삶에 적용했다.

본격적으로 바인더를 쓰기 시작하면서 특히 내가 힘을 기울인 부분은 기록관리였다. 하루를 어떻게 보내는지 기록하기 시작하자 시간을 조직적으로 운용할 수 있게 되었다. 늘 나 혼자만 시간이 없다고만 생각해서 남편에게도 불만이 많았는데 기록을 통해 스스로 시간을 알뜰하게 쓰기 시작하니 여유가 생겨 오히려 남편과 대화하는 시간이 많아졌다.

아이들을 가르치는 일에서도 만족감이 늘어나고 눈에 보일 만큼 효과가 드러났다. 아이들이 수업에서 보이는 태도가 달라지면서 수업만족도도 높아졌다. 교재를 연구하고, 더 좋은 교육법을 고민하고, 조언이 필요한 부분은 남편과 의논했다. 이 일 역시 바인더를 통해 기록 관리를 한 후부터 일어난 변화였다. 무기력에 빠져 있던 예전의 나와 활기가 넘치는 지금의 나를 비교해보면 놀랍기만 하다. 독서에서부터 시작된 변화는 기록관리를 통해 인생의 전환점을 맞이했다. 자기계발, 육아, 건강, 교육 등 다양한 분야에서 시야가 놀랄 만큼 넓어졌다.

그 중에서도 내가 가장 감사하게 생각하는 것을 한 가지 꼽자면 가족과의 유대감이 깊어진 것이다. 이런 시간을 보내면서 명문가정이란 어떤 것인지에 대한 생각도 하게 되었다. 그 전에는 가정문화에 대한 생각 자체를 못했었는데 남편과 나, 그리고 아이의 행복과 성장에 대한 더 큰 그림을 그려보게 된 것이다. 그리고 내 인생의 사명을 발견했다.

"인격과 재능을 무시당하여 무기력하게 살아가는 학생들이 자신의 재능을 발현하여 생기 있는 삶을 살아낼 수 있도록 진로 교육에 헌신하는 것이다."

사명선언서를 처음 쓰는데 가슴이 벅차올랐다. 삶의 목적이 분명해지면서 선명하게 다가왔다. 사명을 바탕으로 작성한 연간 인생 계획은 내 삶을 더 크고 멀리 내다보게 하는 청사진이었다. 게다가 플랜 속에 하나둘 써가는 꿈 리스트는 삶의 윤활유 역할을 톡톡히 하고 있다. 한 마디로 독서와 기록관리는 내 인생을 바꿨다. 지금 이 순간도 기록관리는 인생의 베이스캠프와 같은 역할을 하고 있다.

시간관리를 통해 찬란하게 빛나는 40대를 시작하다 _안은선

행복한 결혼을 꿈꾸었다. 부자는 아니었지만 다섯 자녀를 위해 열심히 뒷바라지 해주신 부모님 덕분에 대학을 졸업하고 직장생활을 시작했다. 8년 열애 끝에 결혼을 했다. 성실한 남편은 내가 어떤 일을 하든지 응원해주었지만 서로 다른 환경에서 28년을 살다가 결혼한 우리는 시댁 문제로 전쟁 아닌 전쟁을 치르기 시작했다. 설상가상 남편이 다니던 회사가 부도를 맞게 되자 당장 경제적인 문제가 현실의 벽으로 다가왔다.

뭐라도 일을 해야 할 것 같아 주산암산 지도법을 배우면서 방과 후 주산암산 강사가 되었다. 둘째 아이가 14개월, 한창 엄마를 찾을 나이였다. 일에 떠밀려 집에 있는 아이들은 뒷전이 되곤 했다. 하지만 남편 혼자 과도한 짐을 지게 할 수는 없었다. 밤낮으로 뛰며 고생하는 남편을 생각하며 더욱 힘을 냈다. 방과 후 수업은 물론 남는 시간엔 과외를 했다.

몇 년이 지나자 경제 형편도 나아졌고 하는 일에서 즐거움을 느끼자 주변이 눈에 들어왔다. 일을 하고 싶어도 하지 못하는 경력단절 여성들에게 힘이 되어주고 싶었다. 특히 아이들을 키우면서 일을 하고 싶어 하는 여성들을 보면 가슴이 짠해졌다. 나도 비슷한 아픔을 겪었기 때문일 것이다.

'아이들은 물론 부모까지 행복할 수 있는 길이 무엇일까?'

고민을 하다 보니 자연스럽게 책을 찾아 읽게 되었다. 내게 독서는 단순한 책 읽기가 아니었다. 그야말로 '눈이 번쩍 뜨이는 살아 있는 경험'이었다. 새벽

6시면 저절로 깨어 책을 읽었다. 1주일에 한 권 읽기도 벅찼는데 한 달에 9권, 10권을 읽었다. 독서를 통해 깨달은 것을 하나 둘 현실에 적용하면서 삶에 큰 변화가 생겼다. 독서에 힘을 기울이다 보니 자연스레 시간이 아쉬웠다.

'어떻게 하면 시간을 알차게 쓸 수 있을까?'

독서교육을 받으며 바인더 쓰는 법을 배웠다. 바인더를 쓰기 시작하면서부터 시간의 중요성을 더욱 크게 느꼈다. 자신이 원하는 삶을 살았던 사람들은 모두 시간관리의 달인들이었다. 무엇을 가장 중요하게 여기며 살 것인지 내 삶의 우선순위를 생각하게 되자 5분 10분도 아까웠다. 출퇴근 시간을 알차게 이용하고, 자투리 시간도 허투루 보내지 않았다.

시간의 소중함을 깨닫고 나니 하루하루가 귀하게 다가왔다. 하루를 잘 살면 평생을 잘 살 수 있고, 인생의 주인공이 되는 비결도 시간을 어떻게 쓰느냐에 달려 있었다. 지루하던 일상이 호기심으로 반짝이는 특별한 순간이 되었다.

뒤돌아보면 내가 어떻게 그 긴 터널을 지나올 수 있었을까 하는 생각이 든다. 가족의 사랑과 더불어 가장 힘든 시절 읽게 된 책이 준 힘 덕분이 아닐까 싶다. 그리고 내게 주어진 시간의 소중함을 알게 되었기 때문이다. 가끔 사람들이 나에게 묻는다.

"삶을 변화시킨 내공을 어떻게 키우셨나요?"

그럴 때마다 내가 들려주는 대답은 한결같다.

"자신의 시간을 소중히 여기세요. 누구에게나 똑같이 주어진 시간이지만 어떻게 쓰느냐에 따라 인생의 질이 달라진답니다."

나는 지금, 내 인생에서 가장 찬란하게 빛나는 시간을 살아가고 있다.

목표관리를 통해 이상향을 꿈꾸다 _조종민

수줍음 많은 성격에 게으르기까지 해서 인생의 목표나 성취하고 싶은 것에 힘을 쏟지 않고 흐르는 대로 살고 있었다. 그런 내 모습이 불만족스러웠지만 어떻게 변화시켜야 할지, 어디서부터 시작을 해야 할지 알 수 없었다. 그러다 지인의 권유로 책을 읽게 되었다. 내가 책을 읽은 일 자체가 이상하고 신비한 일이었지만, 결론부터 말하자면 하루하루 목적 없이 살아가다가 책을 읽으며 내 인생의 목표를 생각하게 되었다는 것이다.

목표를 관리한다는 것이 인생에 어떤 의미를 지니는지조차 모르고 살다가 책을 읽고 바인더를 쓰면서 나 자신에 대해 처음으로 진지하게 생각했다. 나는 무엇을 원하는가? 어떤 사람이 되기를 바라는가? 인생의 목표를 이룰 수 있는 방법은 무엇인가? 어렴풋하게 잡히던 이상적인 모습이 현실에서 구체적으로 떠오르기 시작했다.

이순신 장군처럼 어떤 어려운 상황에도 꺾이지 않는 의지력, 영화 「죽은 시인의 사회」 속 키팅처럼 아이들의 성장을 위해 교육을 펼친 진정성, 그리고 50대가 된 영화배우 곽부성의 20대 못지않은 자기관리력을 목표로 살고 싶다는 열정이 생겼다.

명확하게 내가 갈 길을 보고 목표관리를 하게 되자 삶의 방향이 바뀌는 것을 체험했다. 하루하루 그냥 살아가던 습관을 버리고 일주일 단위로 목표를 계획하고 점검했다. 낯선 사람에게 다가가지 못하는 내성적인 성격이었는데 평소 만나고 싶던 사람에게 먼저 다가가 인연을 맺는 기적도 이루었다. 딸아이가 먼저 일어나 깨우던 게으름뱅이 아빠의 모습에서 아침 5시면 일어나 시집을 필사하고 근처 검도 도장에서 수련을 했다. 심지어 내 손에 스마트폰보다 책이 더 자주 들리는 '이변'이 생긴 것이다.

"정말 그 모든 게 목표관리를 통해서였다고요? 과장이 심한 거 아니에요?"

이렇게 반문하는 사람도 있을 것이다. 물론 단순하게 '목표관리'라고 표현하지만 그 안에는 수많은 것이 담겨 있다. 숨어 있는 1등 공신은 독서와 바인더 쓰기다. 그렇지 않았더라면 내 삶의 비포 애프터가 극과 극 체험처럼 바뀌진 않았을 것이다.

책을 읽을 때도 무엇을 배워서 현실에 적용할 것인지 목표를 분명히 했다. 『성과를 향한 도전』을 읽고 시간관리와 자기경영에 대해 고민하면서 생활을 구조화했고, 『청소력』을 읽은 후엔 완전히 다른 집이라고 해도 좋을 만큼 집안을 정리하고 청소했다. 『아침형 인간』은 내게 아침 시간의 황홀함을 알게 해주었다. 한 권씩 읽을 때마다 삶의 목표가 생겼고, 그 목표를 이루려고 실천하면서 변화되는 나를 느꼈다. 나의 변화는 가족에게도 영향을 미쳤으며, 내가 하는 일은 물론 하는 일과 관련된 사람들에게도 변화의 기운이 전달되었다.

"사람이 정말 변할 수 있나요? 지금 모습 그대로 원래 그런 분 아니셨어요?"

주변 사람들이 자주 하는 질문이지만 결단코 내 대답은 아니라는 것이다. 막연하게 바라는 것은 있었지만 정확하게 목표를 세우고 목표를 향해 일관되게 가지도 못했고, 사람들과 친밀한 관계를 원하면서도 먼저 다가가서 말 한마디 건네는 것을 어려워했다.

'그냥 이렇게 생긴 대로 사는 거지. 인생 뭐 별거 있나.'

솔직히 이렇게 생각했다. 사실 마음을 먹어도 노력을 해도 사람은 쉽게 변하지 않는다. 처음엔 나 또한 그랬기 때문이다. 그러나 내가 목표로 하는 것을 이루기 위해 실천으로 옮기면서 삶이 내가 원하는 방향으로 움직이고 있다고 깨달은 순간의 전율은 그 무엇과도 바꿀 수 없는 '희열'이었다. 그 재미를 알고 나니 스마트폰 게임 따위는 시시하기 짝이 없었다. 지금도 매일 바인더를 통해 목표를 확인하고 실천하고 있다. 삶이라는 거대한 바다에서 내가 원하는 이상향으로 가게 해주는 튼튼하고 듬직한 배가 있기에 힘차게 하루를 시작한다.

지식관리를 통해 취준생에서 당당한 직장인으로 _김경혜

"왜 매일 시간이 부족하지? 이것도 해야 하고 저것도 해야 하는데…….."

대학 시절 입버릇처럼 하던 말이다. 그러나 정말 시간이 없었던 것일까? 사실은 하루에 10시간씩 자면서도 시간이 없다고 동동거렸다. 바쁘게 여기저기 다녔지만 왜 이러고 사는지 나조차 이유를 알지 못했다. 막연하게 이게 나의 한계라고 자책하면서 자신을 위해 투자하지 않고 소심한 성격 탓만 했다. 생각은 많았지만 실천하기는 어려웠다.

학교를 졸업해야 하는 시간이 다가오자 더욱 초조해졌다. 나만 빼고 친구들은 다 취업이 되면 어떻게 하나, 취준생으로 3~4년씩 사는 사람들도 있는데 나도 그렇게 되면 어떻게 하나, 어렵게 취직했는데 나랑 안 맞는 일이면 어떻게 하나, 오만가지 생각이 다 들었다. 그러나 취업에 대한 걱정만 할 뿐 어디서부터 무엇을 준비해야 할지 막연하기만 했다.

그러다 학과에서 하는 취업특강으로 바인더 교육을 받게 되었다. 별 기대 없이 참가한 교육이었지만 어느 순간 온몸에 소름이 돋았다. 스스로 인생을 바꿀 수 있겠구나 확신이 들었다. '전율과 감동'은 책에나 있는 말인 줄 알았는데 실제로 존재한다는 것도 처음 알았다. 나를 둘러싸고 있던 두꺼운 갑옷이 깨져나가는 것 같았다.

그 후 바인더 교육에 열정적으로 참가했다. 독서나비포럼에도 참가하면서 도전의식과 자신감을 얻었다. 독서경영전문가 코치 과정을 이수하며 본격적으

338

로 변화의 시간을 가졌다. 대전과 서울을 오가는 일정이었지만 피곤한 줄을 몰랐다. 오히려 미래에 대한 희망으로 가슴이 벅차올랐다. 취업에 대한 걱정으로 반복적인 우울감을 느꼈는데 체계적인 목표를 세우고 차근차근 준비하자 불안감이 줄어들면서 할 일에 집중하게 되었다.

가장 공을 들인 부분은 취업 포트폴리오로 제출할 바인더를 만드는 것이었다. 바인더로 강의계획서를 관리하자 수업내용의 핵심을 빠르게 짚어낼 수 있었다. 시간관리, 목표관리, 기록관리 등과 더불어 배운 내용을 정리하며 지식관리를 했다.

지식관리는 나만의 차별화를 만들어내는 전략이었다. 그동안 다양한 교육을 이수하고 받은 수료증과 표창장 등도 사진을 찍어서 바인더에 넣었다. 이력서 한 장 제대로 쓰지 못하던 내가 바인더 교육을 무기로 삼아 전문성과 신뢰성을 어필하는 수준까지 이른 것이다.

그리고 6개월 후, 나는 국가과학기술인력개발원 1명 채용에 당당하게 합격했다. 면접 당시 내가 제출했던 것은 취업 관련 대학생활 포트폴리오를 정리한 30권의 바인더였다. 그 바인더에는 그동안 차근차근 준비해서 쌓아둔 내 모든 지식이 들어 있었다. 그 결과 꿈에 그리던 직장에 합격한 기쁨뿐만 아니라 제출한 바인더의 전문성을 인정받아 교육운영 및 기획의 직무를 맡게 되었다.

바인더를 쓰면서 지식관리를 해온 보람은 손으로 꼽을 수 없을 만큼 많다. 남들 앞에서 발표한다는 생각만 해도 떨던 내가 프레젠테이션 능력이 월등하게 향상되었고 말하고자 하는 내용을 조리 있게 전달하게 되었다.

하지만 이런 실제적인 이익보다 더 중요한 것은 긍정과 감사의 마인드로 바꿰기 시작한 내면의 변화였다. 선한 마음을 갖고 헌신적으로 도와주시는 좋은 분들을 많이 만났던 덕분이다. 꿈만 꾸지 않고 꿈대로 살았더니 꿈이 이루어졌다는 말처럼 나 또한 내가 원하는 것을 이루어냈다. 그리고 지금은 더 큰 꿈을 꾸게 되었다. 나 혼자만의 변화가 아니라 함께 성장하는 일을 하겠다는 포부를 지니게 된 것이다. 오늘도 나는 그 꿈을 향해 힘차게 걷고 있다.

독서를 개인과 조직에 적용한 성공 사례들

나에게 독서란 '디딤돌'이다. 독서를 해야 한다는 것은 알고 있었지만 늘 마음의 '걸림돌'이었다. 하지만 강규형 대표님을 알게 되고 독서모임에 참여하면서 접한 생생한 노하우는 내 인생의 '디딤돌'이 되었다. _49세, 리더십 강사, 용현중

21년 동안 KT에서의 직장생활을 잘 마무리하고 새로운 일을 성공적으로 할 수 있었던 원동력은 책과 바인더였다. 전직 전, 1년에 1003권의 책을 읽으며 지금 내가 선택한 길이 맞는지 고민이 많았지만 독서에 투자한 열매는 건강, 재정, 습관, 자기경영 등 삶의 균형을 잡아주었다. 독서를 통해 인생의 로드맵을 그려보는 기적을 체험했다. _44세, 팀장, 유성환

대기업에서 2년간 일하다 퇴사한 후, 인생을 돌아보고 방향을 잡아갈 시점에 강규형 대표님을 만났다. 중요한 시기에 의미 있고 가치 있는 삶을 깨닫고 많은 도움을 받았다. 일하는 것이 행복한 삶을 살 수 있게 되어 대표님께 진심으로 감사드린다. _28세, 회사원, 김진영

32년 동안 고작 3권 읽던 나, 새벽 3시까지 맥주를 마시며 96킬로그램까지 나갔던 나, 나의 이익에만 급급했던 나. 2013년 1월 강규형 대표님의 실행 독서법을 만나고 나는 바뀌었다. 스스로 건강을 관리하고 독서모임을 운영해 지금

은 몸무게가 83킬로그램이 되었다. _36세, 강사, 이재덕

나이 50대 중반에 만난 책은 엄청난 충격으로 다가왔다. 내 생각대로만 살아오던 내가 타인을 생각하게 되었고, 자격증을 취득하며 확실한 노후준비를 하게 되었다. 현재 행복한 삶을 누릴 수 있는 것은 독서와 독서토론모임을 통해 풍요로운 삶을 경험했기 때문이라고 자신 있게 말할 수 있다. _64세, 강사, 이현동

내가 늘 꿈꿔오던 대한민국 최고, 최대 규모의 소방서비스기업 화이어캅스의 첫걸음은 강규형 대표님과의 만남으로부터 시작되었다. 7명이던 회사가 전국 300명 규모의 소방 최고의 기업군으로 성장했다. 늘 읽고 메모하고 멘토를 만나시길 바란다. 자신이 바뀌고 꿈이 이뤄질 것이다! _49세, 기업CEO, 이기배

수창선고水長船高. 물이 차면 배가 뜬다는 말이다. 대표님 강의를 통해 쫓기듯 분주하던 삶을 다스리게 되었고, 삶의 우선순위를 정립해 어떤 일에도 흔들리지 않는 배가 될 수 있었다. 중요한 가치라는 물이 차니 나라는 멋진 배가 뜨고 있다! _37세, 군무원, 이소영

군인들의 독서모임을 만들겠다고 했을 때 모두가 안 될 거라고 말했다. 그러나 함께 책을 읽으며 나와 다른 병사들의 일상이 변하고 부대와 군대에 선한 영향력을 끼치는 기적을 맛보았다. 단순한 책 읽기였다면 그런 기적은 이루지 못했을 것이다. 모두 전역한 지금도 여전히 한 달에 한 번 독서모임을 하며 꿈

을 향해 달려간다. _28세, 크리에이터, 장재훈

독서 덕분에 인생의 방황이 가슴 뛰는 비전을 향한 방향으로 선회할 수 있었다. 강규형 대표님의 독서법을 통해 성장과 변화를 체험할 수 있어 정말 감사하다. _40세, 이니스트바이오제약 마케팅 이사, 고기현

나에게 독서는 새 생명이다. 영혼을 치유하는 심리상담사로서 독서는 나에게 새 생명을 주었고, 그것이 강의와 상담에 녹아내려 또 다른 새 생명을 나누어 주고 있다. 대표님을 만나기 전과 후에 상담과 강의는 많이 달라졌다. 지금은 강의평가도 너무 좋고 모두가 행복하고 고맙다는 말씀을 해주신다. _45세, 심리상담사, 김근영

5년 전 처음 대표님의 독서법을 접한 이후로 어리바리 황 순경이었던 나는 폭발적인 성장을 했다. 매년 내가 목표로 설정했던 것을 대부분 이루었다. 연간 계획에 임신을 적었는데 원하던 그 달에 임신을 하였고, 직장에서도 꼼꼼한 일정관리로 짧은 시간에 승진시험에도 합격할 수 있었다. _34세, 경찰공무원, 황미옥

3P자기경영연구소에서 진행하는 독서 노하우를 6년간 꾸준히 실천하고 있다. 많은 책을 빨리 읽는 양적 성장이 아니라 한 권의 책을 제대로 읽고, 바인더를 통해 체계적으로 지식을 정리하고, 독서모임을 통해 다양한 분야 사람들과 지식을 공유하면서 지식융합능력이 탁월해지는 질적 성장을 경험하고

있다. _43세, 연자기경영연구소 대표, 손선연

현역 은퇴시기에야 자기관리와 독서에 대해 다시 생각하게 되었다. 늦게나마 국내 정상급 독서법과 자기관리 방법을 배울 수 있어 다행이다. 지속적인 독서를 할 수 있는 방법을 아무 조건 없이 나눠주고 알려주어 정말 감사하다.

_60세, 온투데이뉴스 선임기자, 김대혁

독서모임을 만들자고 했더니 직원들의 대답은 "책 읽을 시간 없어요."였다. 점심식사 후 하루 10페이지씩 딱 30분 만 본깨적 독서를 하자고 설득했다. 학교 졸업 후 1년에 1권을 읽지 않았던 10여 명의 직원이 3년 2개월째 독서모임을 진행하면서 매월 1권씩 꾸준히 읽었고 지금은 40여 권에 달한다. 매일 함께 모여 읽으며 서로 성장하는 기회가 되고 있다. _44세, S리더치과병원, 김영주

정년을 맞을 나이에 스스로 위축되고 무력감을 느끼던 차 독서 솔루션을 실천했다. 스스로를 통제할 수 있는 힘을 길러 용기를 내 국립대 3학년에 편입했다. 경제학 공부를 하고 있는 지금 열정이 마음에 샘솟는다. _55세, 컨설턴트, 박은주

강 대표님을 만나고 독서모임에 나가면서 환경 탓만 하기보다 스스로 변화하는 것이 얼마나 중요한지 깨달았다. 그만두고 싶었던 직장에서 바인더와 독서를 통해 9개월 만에 성과가 나기 시작하고 가족 간의 소통도 원활해지며 삶의 밸런스를 찾게 되었다. _39세, 회사원, 김도희

120만 원 월급에서
억대 연봉자가 된

독서 천재가 된 홍 팀장

온라인을 통해

'강 대표'의 노하우를 더 알고 싶다면?

온라인 · 3P평생교육원
30만 명의 인생을 변화시킨 3P자기경영연구소 교육을 온라인을 통해 만날 수 있습니다.

http://www.3pedu.com

3P SNS · 3P바인더 SNS
이벤트, 생생후기 및 3P바인더의 다양한 소식을 실시간으로 만나보세요.

SNS명	주소	내용
3P바인더 페이스북	http://www.facebook.com/3pbinder 페이스북에서 '3P바인더'를 검색 후, 3P바인더 페이지 '좋아요'를 눌러주세요.	3P바인더 페이지 좋아요 클릭 후, 다양한 이벤트, 자기계발 정보, 카드뉴스 등을 확인할 수 있습니다.
3P바인더 블로그	http://blog.naver.com/3pbinderblog 네이버에서 '3P바인더 블로그'를 검색하세요.	3P바인더의 교육, 제품, 이벤트 및 강규형 대표의 컨텐츠, 강의일정을 확인할 수 있습니다.
3P바인더 카페	http://www.3pbindercafe.com 네이버에서 '3P바인더 카페'를 검색하세요.	'독서천재가 된 홍팀장' 미션을 비롯한 다양한 커뮤니티 활동이 가능합니다.
3P바인더 인스타그램	인스타그램에서 3pbinder_official 혹은 3P자기경영연구소를 검색 후, 팔로우해주세요.	3P바인더, 강규형 대표의 강의 및 소식을 실시간으로 만나볼 수 있습니다.

💬 카카오톡에서 「3P바인더」검색 후, 플러스친구 추가해주세요. 다양한 소식을 받아보실 수 있습니다.

나비 SNS · 독서포럼나비 SNS
다양한 이벤트, 생생후기 및 독서포럼나비의 다양한 소식을 실시간으로 만나보세요.

SNS명	주소	내용
독서포럼나비 페이스북	http://www.facebook.com /navibookforum 페이스북에서 '독서포럼나비'를 검색 후, 독서포럼나비 페이지 '좋아요'를 눌러주세요.	독서포럼나비 페이지 좋아요 클릭 후, 다양한 이벤트, 독서, 자기계발 정보, 카드뉴스 등을 확인할 수 있습니다.
독서포럼나비 카페	http://cafe.naver.com/navibookforum 네이버에서 '독서포럼나비'를 검색하세요.	지역별 독서모임, 추천도서 등의 정보를 확인할 수 있습니다. '독서천재가 된 홍팀장' 미션 및 다양한 커뮤니티 활동이 가능합니다.

💬 카카오톡에서 「독서포럼나비」검색 후, 플러스친구 추가해주세요. 다양한 소식을 받아보실 수 있습니다.

3P자기경영연구소 전체 교육소개

3P셀프리더십 과정
26년 동안 실제 현장에서 체득한 자기 경영의 원리, 사례, 노하우를 소개하고 이를 실천할 수 있는 도구인 3P바인더를 제공함으로써 변화와 성과를 창출할 수 있도록 돕는 교육 프로그램

교육명	내용	시간	대상
3P 프로과정	**3P바인더를 활용한 셀프리더십 과정** 강규형 대표의 27년의 노하우가 진하게 녹아 있는 셀프리더십 명강의 - 셀프리더십의 이해와 동기부여 - 성과를 내는 3P바인더 활용 방법 및 워크숍 - 프로페셔널로 만드는 3P 핵심 콘텐츠 습득 [기록관리/시간관리/목표관리/지식관리/업무관리/독서경영]	8시간	경영자 직장인 전문가 대학생
3P 코치과정	**3P바인더 업무 적용, 성과 창출과정 (코칭과정)** - 바인더를 업무에 적용하기 위한 워크숍과 그룹 코칭 - 메인바인더와 서브바인더를 활용한 성과 코칭 진행 **그룹 성과 코칭**	2개월 과정	3P프로과정 수료자
3P 마스터과정	**3P셀프리더십 전문코치 및 강사 양성 과정** - 3P 콘텐츠의 철학과 교육원리 - 전문강사 활동이 가능한 3P 콘텐츠 교수법 전수 - 강의를 위한 개인별 PT 제작 코칭 **BMRT (Binder Master Round Table)**	2개월 과정	3P코치과정 수료자

★★★★★
본 강의를 사랑하는 사람에게 추천해주고 싶으신가요?
수강생 98%가 YES

3P독서경영과정
살아 있는 독서를 통하여 자신의 분야에서 성과를 창출하고 평생 학습의 토대를 형성하는 과정입니다.

교육명	내용	시간	대상
독서법 원리와 목적 있는 책 읽기를 통한 독서 입문과정 **독서경영 기본과정**	- 살아 있는 책 읽기를 통한 독서경영 - 독서법의 노하우와 시스템 & 독서 매뉴얼 제공 - 기업과 가정에서 실천 가능한 코칭 매뉴얼 제공	8시간	대학생 일반인
독서경영, 독서코칭 및 강의를 할 수 있는 강사양성 **독서경영 리더과정**	- 기업, 공기업,학교 등 독서 코치와 강의가 가능한 강사 양성 - 독서를 통한 성과 창출을 위한 맨투맨 방식의 강의 구성 - 독서와 접목한 스토리텔링과 스팟의 원리 제공	2개월 1박2일 워크숍 6회 R.M.R.T. 진행	독서경영 기본과정 수료자

3P건강 독서경영과정
올바른 건강지식 습득과 실천을 통해 건강한 습관을 만들고 스스로 건강을 관리할 수 있도록 돕는 교육 프로그램

교육명	내용	시간	대상
3P건강 독서경영 참석자의 변화 사례와 기초건강지식 소개 **내 몸 사용 설명회**	- 3P건강 독서경영과정 참석자의 변화 사례 소개 - 기초적인 건강지식 소개 - 설명회 종료 후 희망자에 한해 10일 건강습관 프로젝트 진행	2시간	대학생 일반인
3P건강 독서경영 기본과정	올바른 건강지식 습득과 실천을 통해 스스로 건강을 잘 관리할 수 있도록 시스템을 제공하는 교육 프로그램	8주	대학생 일반인

보물찾기 과정
아이들이 셀프리더십에 대해 쉽게 이해할 수 있도록 교육에 놀이를 접목한 새로운 초등교육 과정입니다.
선생님, 부모님과 함께 놀이하며 학습과 자기 자신을 이해하고 꿈·비전·시간에 대한 원리를 터득합니다.

교육명	내용	시간	대상
놀이와 함께 배우는 초등 리더십 **보물찾기 과정**	- 초등학생을 위한 효과적인 공부법과 독서법 가이드 제공 - 긍정적인 태도와 좋은 습관 함양을 위한 가이드라인 제시 - 아이들의 꿈과 비전을 구체화할 수 있는 워크숍 진행	8시간	초등학생 (부모동반수업)

비바앤포포 과정
학생의 라이프 스타일에 맞춰 제작된 스터디 바인더를 활용하여 일상 생활에서 셀프리더십을
향상시키고 학습과 비전의 포트폴리오를 구성할 수 있도록 돕는 과정입니다.

교육명	내용	시간	대상
스터디 바인더를 활용한 학습전략 훈련 **비바앤포포 징검다리 과정**	- 학생의 장기적인 비전 수립, 미션을 통한 자존감 강화 - 학습계획을 수립, 실천하는 체크리스트의 구성 - 학생의 포트폴리오 구성에 대한 가이드 제공	8시간	청소년 (부모동반 가능)

3P커리어스케치
취업 포트폴리오 바인더와 워크숍을 통해 대학생 자기관리 및 진로, 취업 포트폴리오 구성을 돕는 교육

교육명	내용	시간	대상
취업에 필요한 준비과정을 포트폴리오로 구축 **커리어스케치 과정**	- 직무와 관련된 스킬 발견과 그룹 워크숍 - 장기 목표 수립과 커리어 플랜 구축 - 나와 맞는 회사 발견과 정보 탐색 - 성공 취업을 위한 취업전략 구축	8시간	대학생 취업 준비생

오피스 파워 정리력
탁월한 성과는 나의 업무 상태를 진단하고 "정리,정돈"하는 것에서부터 출발합니다. 업무 성과를
올리는 원리와 실제적이고 구체적인 솔루션을 제시합니다.

교육명	내용	시간	대상
정리되지 않는 업무를 탁월한 시스템으로 만드는 **오피스 파워 정리력 과정**	- 업무능력 700% 올려주는 정리,정돈의 개념 - 심플하고 강력한 3C 분류법을 통한 서류 정돈 - 업무, 메모, 독서 등 각 분야별 매뉴얼 정리법 습득	6시간	직장인 사무직 종사자 원장/CEO

한글로영어
한글만 알면 누구나 할 수 있는 기적의 언어학습법! 외국어 학습에 대한 진짜 올바른 방법을 제시합니다.

교육명	내용	시간	대상
올바른 외국어 학습에 대한 기본적인 정보 습득 **한글로영어 공개강좌**	- 외국어 학습에 대한 올바른 지식과 정보 전달 - 영어와 중국어를 동시에 할 수 있는 노하우 공개	2시간	전 연령층
한 번 배워서 코칭까지 할 수 있는 **한글로영어 교사연수**	- 한글만 알면 누구나 가르칠 수 있는 탁월한 외국어 공부 시스템 습득 (특허받은 '한글로펜' 사용) - 외국어 학습 코칭 스킬 / 외국어 학습 및 코칭 원리 제공	16시간	학부모/교사 외국어공부 희망자

3P자기경영연구소의 다양한 교육콘텐츠에 대한 문의 및 신청은 아래 내용을 참고해 주시기 바랍니다.

문의전화 : 02-2057-4679 | 교육 홈페이지 : www.3pbinder.com 건강 홈페이지 : www.health3p.com

실행력을 높이는 기적의 독서 솔루션

독서 천재가 된 홍 팀장

초판 1쇄 인쇄 2017년 5월 12일
초판 13쇄 발행 2024년 3월 5일

지은이 강규형
펴낸이 김선식

부사장 김은영
콘텐츠사업본부장 임보윤
콘텐츠사업1팀장 한다혜 **콘텐츠사업1팀** 윤유정, 성기병, 문주연, 조은서
마케팅본부장 권장규 **마케팅2팀** 이고은, 배한진, 양지환 **채널2팀** 권오권
미디어홍보본부장 정명찬 **브랜드관리팀** 안지혜, 오수미, 김은지, 이소영
뉴미디어팀 김민정, 이지은, 홍수경, 서가을, 문윤정, 이예주
크리에이티브팀 임유나, 박지수, 변승주, 김화정, 장세진, 박장미, 박주현
지식교양팀 이수인, 염아라, 석찬미, 김혜원, 백지은
편집관리팀 조세현, 김호주, 백설희 **저작권팀** 한승빈, 이슬, 윤제희
재무관리팀 하미선, 윤이경, 김재경, 이보람, 임혜정
인사총무팀 강미숙, 지석배, 김혜진, 황종원
제작관리팀 이소현, 김소영, 김진경, 최완규, 이지우, 박예찬
물류관리팀 김형기, 김선민, 주정훈, 김선진, 한유현, 전태연, 양문현, 이민운

펴낸곳 다산북스 **출판등록** 2005년 12월 23일 제313-2005-00277호
주소 경기도 파주시 회동길 490
전화 02-704-1724 **팩스** 02-703-2219 **이메일** dasanbooks@dasanbooks.com
홈페이지 www.dasan.group **블로그** blog.naver.com/dasan_books
종이 신승inc **출력·제본** 상지사 **후가공** 제이오엘앤피
ISBN 979-11-306-1241-6 (03320)

© 강규형, 2017